M. L. Clément

L'immobilier locatif

Acquérir votre liberté financière d'une manière simple et efficace

Secrets, Méthodes, Recettes et Stratégies

© Editions MLC
Le Montet
36340 Cluis
ISBN 978-2-37432-111-0

Liste des acronymes utilisés en investissement immobilier

- ALUR : Loi pour l'Accès au Logement et un Urbanisme Rénové

- BBC : Bâtiment Basse Consommation

- CCH : Code de la Construction et de l'Habitation

- ERNMT : État des Risques Naturels, Miniers et Technologiques

- HPE : Haute Performance Énergétique

- ISF : Impôt Sur la Fortune

- LRAR : Lettre de Recommandation avec Avis de Réception

- PEL : Plan Épargne Logement

- PLU : Plan Local d'Urbanisme

- PPD : Privilège de Prêteurs de Deniers

- PTZ : Prêt à Taux Zéro

- RCP : Responsabilité Civile Professionnelle

- RCS : Registre du Commerce et des Sociétés

- RSA : Revenu de Solidarité Active

- RT2012 : Réglementation Thermique 2012
- SCI : Société Civile Immobilière

– SRU : Solidarité Renouvellement Urbain

– TEG : Taux Emprunt Global

– TTC : Toutes Taxes Comprises

– THPE : Très Haute Performance Énergétique

– VEFA : Vente en l'État Futur d'Achèvement

Introduction

*Dans n'importe quel marché,
dans n'importe quel pays, il y a
des investisseurs qui font de l'argent.
Malgré ce que disent les pessimistes,
les gens veulent tous un toit*

Sarah Beeny

*Toute personne qui investit dans
un bien immobilier attentivement
sélectionné, dans un quartier en
croissance d'une ville prospère,
adopte la méthode la plus sûre pour
devenir indépendant financièrement,
parce que l'immobilier est à
la base de la richesse.*

Franklin D. Roosevelt

L'investissement immobilier locatif est l'une des meilleures méthodes pour devenir libre financièrement, c'est-à-dire, gagner de l'argent et accumuler de la richesse sous forme de patrimoine immobilier. Vous n'avez nullement besoin d'être riche pour commencer à investir dans l'immobilier locatif. En fait, même sans aucun argent et peu ou pas d'économies personnelles, vous pouvez devenir un investisseur immobilier, car l'immobilier s'achète à crédit. Il suffit de connaître la marche à suivre, ce que je vous explique dans les chapitres de ce livre.

Par ailleurs, l'immobilier est une valeur sûre qui ne risque pas de disparaître au cours d'une crise économique comme cela peut être le cas d'un investissement boursier ou même d'économies sur un compte d'épargne, qui subissent les effets de l'inflation et fondent au fil des ans.

La rentabilité de l'immobilier va toujours croissante dans quasi tous les pays. Même si certains marchés sont parfois pris dans les tourmentes de crises immobilières et subissent des baisses spectaculaires, les prix finissent toujours par remonter. D'un autre côté, un immeuble ou un terrain ne risquent pas de s'évaporer comme les actions lors d'un crash boursier.

Ces investissements sont donc une bonne protection contre l'inflation et, en outre, ils ont un rendement nettement supérieur à des sommes placées sur un compte bancaire.

Lorsque j'ai commencé à investir dans l'immobilier, il y a quelques années, j'ai eu beaucoup de difficultés à me former. Aucun livre en français n'était destiné aux débutants. Tous les ouvrages traitaient du sujet de manière, certes, très complète souvent, mais de façon difficilement assimilable pour le novice que j'étais. C'est encore le cas aujourd'hui. La plupart des ouvrages sur l'immobilier et l'investissement sont à classer en deux catégories : les livres autobiographiques qui relatent l'expérience d'une seule personne et sont souvent, de ce fait, anecdotiques, et les manuels de spécialistes.

Après plusieurs opérations fructueuses dans l'immobilier locatif, j'ai voulu écrire un livre à la portée de tous qui apporte des solutions aux problèmes rencontrés lors de l'investissement locatif. Vous l'avez devant vous.

Certaines stratégies de l'investissement immobilier locatif sont très simples à comprendre et à mettre en pratique. D'autres sont beaucoup plus complexes et demandent une expertise de haut niveau. C'est par exemple le cas de la fiscalité qui est différente pour chaque pays et sujette à de nombreux changements. Pour ne pas risquer de voir mes informations devenir obsolètes, je me suis limité à un bref survol général de la fiscalité, mais en vous fournissant l'adresse d'un outil inestimable pour réaliser vos simulations de rendement et bien d'autres calculs. Vous en trouverez les références dans la bibliographie en fin d'ouvrage ainsi que celles de nombreux livres et sites Internet pour vous aider dans votre quête de la liberté financière grâce à l'investissement immobilier locatif.

Vous recherchez à comprendre comment effectuer des investissements locatifs pour devenir libre financièrement. Vous avez entre les mains le livre qui va vous aider à réaliser votre souhait.

Il se peut que vous soyez salarié, mais vous aimeriez avoir plus de revenus. Vous avez entendu dire que l'immobilier locatif est une bonne manière d'augmenter ses revenus passifs mais vous êtes nul ou novice en investissement immobilier locatif.

Il se peut aussi que vous ayez déjà un investissement locatif, que cela vous plaise et que vous cherchiez dans ce cas à savoir comment augmenter votre patrimoine immobilier sans augmenter vos revenus et payer plus d'impôts.

Peut-être avez-vous déjà réalisé quelques opérations immobilières peu ou pas du tout rentables et vous désirez améliorer cette situation.

Tous ces cas de figure ont une solution, que vous apprendrez dans ce livre où vous trouverez :

– Les fondements et les stratégies qui permettent d'investir dans l'immobilier locatif de façon optimale.

– La méthode à appliquer lors de la mise en pratique de ces mêmes stratégies.

– Différents styles d'investissement possible avec leurs avantages et leurs inconvénients respectifs.

– Les astuces à savoir, y compris pour optimiser sa fiscalité.

– Les pièges à éviter.

– Comment reconnaître et négocier les bonnes affaires.

Dans cet ouvrage, vous lirez chapitre après chapitre toutes les informations nécessaires pour vous former à devenir un investisseur en immobilier locatif fier de ses succès et vous bâtirez votre stratégie personnelle afin de construire votre liberté financière.

Comme vous pouvez déjà aisément le comprendre, la lecture de ce livre peut certainement changer votre vie si vous appliquez les conseils qu'il prodigue. Etre un bon investisseur, cela s'apprend et ce livre va vous aider à le devenir.

Le bon moment pour commencer à investir, c'est maintenant ! Il ne suffit pas de lire des livres, consulter des sites Internet et suivre des formations, il faut commencer à agir maintenant !

Devenez l'investisseur immobilier locatif qui est en vous et accédez à la liberté financière dont vous rêvez.

Ce livre consiste en sept chapitres suivis d'une bibliographie. En outre, il comporte une liste des acronymes les plus usités dans le domaine de l'investissement immobilier.

L'immobilier locatif pour bâtir votre richesse (chapitre 1) explique pourquoi l'immobilier est l'un des meilleurs investissements. Il traite ensuite de l'économie et de son rapport avec le marché immobilier et vous montre quelques stratégies pour obtenir un rendement entrepreneurial en plus d'un rendement locatif. Et enfin, dans ce chapitre vous apprenez comment maîtriser les risques.

Le financement de vos biens immobiliers (chapitre 2) démontre qu'il n'est pas nécessaire d'être riche pour devenir un investisseur dans l'immobilier locatif et qu'au contraire, vous devenez riche en investissant. Ce chapitre traite la manière de se faire financer au maximum, c'est-à-dire à 100 % et plus. Il vous instruit de la manière de parler d'égal à égal avec votre banquier et pourquoi il est parfois nécessaire de faire appel à un comptable pour ne pas commettre d'erreur.

Dénicher les bonnes affaires (chapitre 3) développe comment définir vos critères d'achat et devenir un expert de votre marché local. Vous lirez aussi dans ce chapitre la façon de choisir le type de bien visé et comment reconnaître une bonne affaire.

Négocier les bonnes affaires (chapitre 4) vous aide à repérer la bonne affaire et illustre le processus d'achat, la manière de faire une offre d'achat, comment négocier et ce qu'il se passe une fois l'offre d'achat acceptée.

Maîtriser la fiscalité (chapitre 5) énumère les différents impôts et les erreurs à éviter dans la fiscalité. Puis, ce chapitre vous aide à décider quelle est la meilleure fiscalité par rapport à votre situation et quelles solutions légales il y a pour payer moins d'impôts. Cependant, ce chapitre évite les considérations trop abstraites et vous fournit un outil de simulation complet.

Louer et gérer efficacement votre bien (chapitre 6) déploie la façon de définir correctement le montant de vos loyers et comment choisir rigoureusement vos locataires. Un autre aspect approché dans ces lignes est la gestion efficace de votre patrimoine ainsi que la nécessité de connaître vos concurrents.

Les pièges à éviter et les stratégies à mettre en place (chapitre 7) sont abordés avec la maîtrise des finances, celle-ci étant une part importante de la gestion de votre entreprise immobilière. Pour finir, vous verrez une incitation à former votre esprit et penser comme un investisseur.

Vous pouvez lire ce livre dans l'ordre chronologique, mais il est aussi possible de lire en premier les chapitres qui vous intéressent le plus et lire les autres ensuite. Vous pouvez à tout instant consulter la liste des abréviations et/ou le lexique lorsque vous rencontrez un terme ou un sigle dont la signification vous échapperait.

Bonne lecture !

Chapitre 1 :
L'Immobilier locatif pour bâtir votre richesse

L'investissement immobilier locatif est, en France, la manière indiscutablement la plus sûre d'acquérir votre liberté financière. Vous ne deviendrez peut-être pas riche à la vitesse de la lumière, mais en une dizaine d'années, vous y arriverez certainement. Pour être plus réaliste, comptez 15 ou 20 ans et vous serez surpris de vos succès. L'investissement immobilier est en effet un investissement à long terme, mais c'est un investissement sûr si vous le gérez de façon intelligente et pratiquement sans risques à condition de prendre quelques précautions, ce que nous verrons dans les chapitres suivants.

Plusieurs façons s'offrent à vous pour bâtir votre richesse en investissant dans l'immobilier. En effet, vous pouvez user de nombreuses manières de procéder pour réussir. Toutefois, il vous sera fréquemment nécessaire de mettre en pratique des idées novatrices et faire preuve de personnalité pour utiliser des approches ingénieuses dans vos diverses transactions. En outre, vous devez savoir certaines choses essentielles. Par exemple, les meilleurs moments pour investir et dans quel secteur. Et surtout, la meilleure façon de maximiser vos rendements tout en sachant maîtriser les risques.

Dans ce chapitre, nous allons tout d'abord étudier pourquoi l'immobilier est l'un des meilleurs investissements. Puis, nous regarderons l'économie et le marché immobilier et leur interaction. Nous verrons ensuite plusieurs façons de créer un rendement entrepreneurial en plus du rendement locatif et enfin, nous réviserons la plupart des risques liés à l'investissement immobilier locatif et la façon de les éviter.

1.1.   L'un des meilleurs investissements

L'immobilier est considéré comme le meilleur investissement aux yeux de beaucoup de personnes. C'est une valeur sûre et peu risquée comparée à d'autres placements. Le bien immobilier représente indubitablement l'investissement le moins risqué après celui qui consiste à laisser son argent dormir sur son compte en banque. Il est aussi celui dont le rendement est le plus élevé. Cela n'est pas bien difficile si l'on considère les 2 % que nous donnent les banques pour notre capital. Mais après que les institutions bancaires se furent retrouvées au bord du gouffre en 2008, les citoyens (bien obligés en fin de compte de payer, par le biais des impôts, les injections financières consenties par les gouvernements d'Europe et des États-Unis aux institutions bancaires) ont repensé leur idée sur la question. En définitive, ils conclurent que, les banques n'étant pas à l'abri d'une faillite, comme on venait de le voir, l'argent des comptes bancaires n'est pas sûr à 100 %.

Quant à eux, les placements boursiers représentent depuis longtemps des risques assez considérables aux yeux de la plupart des gens. Alors, la véritable question qui se pose est de savoir comment ne pas perdre son argent. Pour cela, deux valeurs semblent récolter tous les suffrages : l'or et l'immobilier. Deux valeurs tangibles, insensibles aux fluctuations informatiques avec les possibilités d'effractions par des hackers. Votre compte en banque ne représente que quelques chiffres sur un écran d'ordinateur. Même chose lorsque vous achetez des actions. Plus d'action porteur, mais des chiffres dans un système informatique. Au contraire, si votre bien immobilier est bien assuré, vous ne risquez pas de le voir partir en fumée. La pierre, la terre sont des valeurs solides tout comme l'or et vous pouvez les assurer.

Par ailleurs, la valeur de vos biens immobiliers augmente régulièrement au contraire de l'argent laissé sur un compte en banque qui sera soumis aux aléas de l'inflation. En France, la hausse annuelle de l'immobilier est évaluée à 7,3% depuis 1965, soit une multiplication des prix par 26. Celle-ci est encore plus importante à Paris qu'en province et, naturellement, certaines régions sont plus onéreuses que d'autres. Nous y reviendrons.

Mais cette hausse de l'immobilier se fait ressentir dans tous les pays et en général tous les genres d'immeubles prennent de la valeur pour autant que leur entretien ne laisse pas à désirer, bien entendu.

Il existe des périodes de récession inévitables comme la crise des subprimes de 2007 aux États-Unis l'a démontré. Toutefois, l'immobilier reste sur le long terme un produit solide.

Alors, pourquoi ne pas vous lancer ?
Vous vous trouvez des excuses, mais il est facile avec un peu de bon sens de les mettre de côté. Si vous pensez que le manque d'argent vous empêche d'investir dans l'immobilier, il est temps de réaliser que l'argent n'est jamais un problème. Bien entendu, vous devez rechercher un investissement de qualité. Le chapitre 3 vous aidera en cela. Presque la totalité des investisseurs réalisent leurs achats à l'aide de fonds empruntés. Qu'est-ce qui vous empêcherait d'en faire autant ?

Si vous supposez que le manque de temps est votre principal ennemi pour investir, soyez rassuré. Vous disposez de beaucoup plus de temps pour chercher des biens et ensuite les gérer que vous le supposez. Par exemple, supprimez une ou deux soirées télévision pour consulter les petites annonces sur Internet. Ciblez quelques biens qui répondent à vos critères, et planifiez vos visites le dimanche en famille. Vous ferez ainsi grâce à cette promenade dominicale un projet familial de votre investissement. Investir dans l'immobilier est peu chronophage en vérité, tout au plus quelques heures par mois. Un laps de temps que vous pouvez facilement dégager.

Croyez-vous que toutes les bonnes affaires sont déjà parties ? Détrompez-vous. En vérité, ils s'en présentent tous les jours et elles n'attendent que vous (ou un autre qui saura mieux ce qu'il veut). Beaucoup de personnes veulent vendre leur bien et rapidement. Une belle occasion pour vous de réaliser une bonne affaire. Pensez positivement.

La perte d'argent éventuelle vous fait peur ? Avec une approche renseignée et avec prudence, vous ne courrez pas beaucoup de risque, exception faite celui de devenir riche. D'où l'importance de louer et gérer efficacement comme nous le verrons au chapitre 6.

Tous les marchés offrent des possibilités de créer de la richesse, alors oubliez que cela ne fonctionnerait pas dans votre région ! Il suffit de bien connaître votre marché local (prix de vente pratiqués, montant des loyers, etc.). En utilisant les outils de cet ouvrage et ceux présentés au chapitre 3, vous y arriverez sans beaucoup de peine.

La crise économique vous retient ? En fait, c'est la période la plus propice pour investir, car il y a un nombre plus important de bonnes occasions. Tous les gens ont peur d'acheter, alors foncez ! Les affaires n'en seront que meilleures, car vous aurez moins de concurrence à subir et les prix seront au creux de la vague.

Si c'est la gestion des locataires qui vous effraie, vous pouvez prendre une agence pour la gestion des locations.

Comme vous le voyez, il n'y a pas d'obstacles infranchissables. Vous pouvez les surmonter un par un et accéder ainsi à la liberté financière dont vous rêvez.

1.2. Économie et marché immobilier

De ce qui précède, nous pouvons comprendre que l'immobilier est un marché et nous pouvons aussi comprendre qu'il est une partie non négligeable de l'économie d'un pays.

Pour être en mesure de booster votre stratégie d'investissement, il vous est nécessaire de comprendre l'économie immobilière.

Contrairement à certains marchés, comme par exemple celui de la Bourse, le profit dans l'immobilier se réalise toujours à l'achat. En effet, étant donné qu'il y a une immense difficulté pour ne pas dire une impossibilité à prévoir les évolutions du marché avec justesse, une bonne affaire se fait au moment de l'achat.

Pour éviter les mauvaises surprises, vous devez donc toujours acheter en dessous de la valeur du marché. Ce seront principalement des contextes de transaction immobilière où les gens ont besoin de vendre rapidement et sont prêts à faire des concessions sur le prix. Par exemple, lors d'un divorce, d'une mutation inespérée qu'ils ne veulent pas laisser filer et qui nécessite un déménagement à l'autre bout du pays, d'une maladie qui requiert des fonds importants, d'une succession compliquée, etc.

Inutile d'avoir de très bons contacts pour cela. Dans toutes les villes, ces anomalies de marché se rencontrent toutes les saisons. Il vous suffit d'être à l'affût de la vie sociale et d'être sur le coup et de connaître votre marché local, ce que nous verrons au chapitre 3.2. Il est toujours préférable de réaliser une excellente affaire plutôt qu'une acquisition moyenne même si la première advient moins fréquemment.

En résumé, achetez uniquement en dessous du marché : La règle d'or.

Les meilleures saisons pour acheter sont au moment où les gens désirent vendre. Cela va de soi, mais il est bon de le rappeler. Quels sont ces moments de l'année où les gens veulent se défaire de leur bien ? Cela dépend aussi de la sorte de bien recherché.

Généralement, le printemps est considéré comme une meilleure époque que le milieu de l'hiver avec les fêtes de fin d'année. Personne ne veut être en plein déménagement à ce moment-là. L'automne est aussi une saison où les gens sont moins enclins à débuter de nouveaux projets. Les fins d'année sont donc moins propices. Toutefois, il est possible d'y réaliser de bonnes affaires d'achat. Pour vendre, ce n'est certes pas l'idéal, mais comme les acheteurs se raréfient en ces périodes, ce peut être un plus pour vous qui aurez moins de concurrence et serez en meilleure position de négociation pour acheter.

En résumé, on peut dire que le marché immobilier est plus ou moins saisonnier et présente de meilleures opportunités pour les vendeurs au printemps quand tout le monde est en forme pour planifier de nouveaux projets. Quant aux acheteurs qui veulent réaliser de bonnes affaires, ils choisiront le dernier trimestre de l'année.

1.3. Un rendement entrepreneurial en plus d'un rendement locatif

Tout le monde connaît le rendement nominal. Par exemple, si vous achetez un bien à 100 000 € et le revendez à 120 000 € sans y avoir effectué aucuns travaux, vous avez 20 000 € de rendement nominal. Moins connu est le rendement entrepreneurial. Par exemple, vous achetez ce même bien à 100 000 €, vous réalisez pour 10 000 € de travaux (refaites les peintures, par exemple) et comme il prend de la valeur, vous le revendez donc plus cher, soit 150 000 €. 150 000 € moins 10 000 € = 40 000 €, vous doublez donc votre rendement. Vous avez alors 40 000 € moins 20 000 € (que vous auriez de toute façon réalisés en rendement nominal) = 20 000 € de rendement entrepreneurial.

En ce qui concerne un rendement entrepreneurial en plus d'un rendement locatif, le même principe est applicable. Par ailleurs, vous pouvez créer un rendement entrepreneurial par certaines initiatives que vous mettez en œuvre.

Par exemple, vous pouvez faire des rénovations en plus d'un coup de peinture. Peut-être même, faire des transformations radicales. Un logement rénové pourra être loué plus cher : la différence sera votre rendement entrepreneurial.

Vous pouvez aussi ajouter un rendement entrepreneurial en plus de votre rendement locatif en gérant mieux votre bien. Vous pouvez aussi le faire, par exemple, en changeant son affectation. Vous pourrez louer l'appartement du rez-de-chaussée plus cher à un cabinet d'architecte ou un dentiste qu'à une famille, car il sera alors considéré comme faisant dans ce cas partie des locations pour professions libérales.

Des logements nécessitant des travaux seront moins cotés. Achetez-les dans des quartiers dynamiques de grandes agglomérations. Pensez aussi que vous jouerez sur plusieurs tableaux : meilleur rendement brut et une amélioration de ce dernier grâce à la déductibilité fiscale des travaux.

Vous pourrez aussi investir dans des immeubles locatifs en zone rurale où l'achat de votre bien sera rentabilisé par les loyers dès la première année.

Pensez aussi à la défiscalisation possible comme source de rendement entrepreneurial. Mais dans ce cas, il sera certainement nécessaire de vous assurer des services d'un comptable (avec les frais afférents) si les chiffres ne sont pas votre tasse de thé.

Une autre solution consiste à faire bâtir vous-même une résidence, un immeuble ou une maison. Vous achetez un terrain, vous vous assurez bien en premier lieu qu'il est constructible et vous faites construire une maison pour la location. Si votre terrain est assez grand, vous pourrez le diviser en plusieurs lots et construire sur chaque lot une maison que vous louerez. C'est aussi ajouter un rendement entrepreneurial à votre rendement locatif futur. Bien entendu, cette solution nécessitera plus de temps et elle est légèrement chronophage (recherche d'architecte, d'artisans, surveillance du chantier, etc.). Mais au final, vous pourrez être gagnant si vous choisissez bien l'emplacement de votre bien.

Vous pouvez aussi acheter un terrain d'un hectare (en vous assurant toujours qu'il est constructible) pour la somme de 100 000 €. Ensuite, vous ferez une demande de permis de lotir à la commune, puis vous le divisez en 8 lots de 1 000 m² (les 2 000 m² restants étant calculés pour la voirie). Vous vendez les 8 lots de 1 000 m² à 50 000 € pièce pour un total de 300 000 €.

1.4. Maîtrisez les risques

Tout projet contient des risques. L'entreprise immobilière n'échappe pas à cette règle. Le tout est de savoir les anticiper, les reconnaître quand ils surgissent et les maîtriser.

Une des premières règles fondamentales est de ne jamais fonder le calcul de votre rendement futur sur une hausse éventuelle du prix du loyer ou celle du prix de revente à venir. Si, en effet, dans la plupart des cas, le prix de l'immobilier est à la hausse, n'oubliez pas que le marché de l'immobilier a tout de même connu de temps à autre par le passé une forte récession et, d'autre part, que les indicatifs financiers du passé ne sont pas automatiquement garants de ceux qui seront affichés dans le futur.

Au lieu d'afficher une vision insoucieuse, pensez plutôt toujours à l'évolution future sans aucune anticipation favorable, bien au contraire.

Réfléchissez à ce qui pourrait faire baisser les prix. Regardez l'état du quartier dans lequel se trouve le bien et essayez de voir s'il a évolué favorablement ou défavorablement les 10 dernières années.

Renseignez-vous sur les plans de gestion des grandes entreprises (donc des employeurs) de la ville. Sont-elles sur le point de se développer ou à l'inverse de délocaliser leur site, voire de le fermer ?

Il vous sera bien évidemment impossible de faire des prévisions précises quant aux aléas possibles. Pour cette raison, vous devez acheter votre bien en dessous de sa valeur véritable pour ainsi pallier les éventuelles baisses futures des prix. Votre marge de sécurité en sera aussi augmentée.

Il sera toujours indispensable d'établir un plan B pour contrer les imprévus inévitables attendus sur une période de 20 ans, durée sur laquelle vous raisonez en termes d'investissement dans l'immobilier locatif.

Si vous planifiez de gérer vous-même votre bien, existe-t-il la possibilité que vous soyez muté à l'autre bout du pays ? Vous devriez alors déléguer la gestion à une agence. Incluez dans votre simulation les frais d'agence.

Essayez de vous projeter dans le futur de toutes les manières possibles. Pensez aussi quelle serait votre situation si vous deviez perdre votre emploi (ce qui, malheureusement, fait toujours partie des possibilités, votre entreprise pouvant faire faillite ou délocaliser sa production). Si vous deviez subir une opération qui vous invaliderait et que vous ayez prévu de faire les travaux vous-même, car vous êtes bon bricoleur, vous devriez alors fait appel à des artisans. Quelle serait la marche à suivre si vous investissiez en indivision et que vous vous sépariez de votre conjoint ? Ces situations ne sont nullement souhaitables, mais prévoir un plan de remplacement dans le cas où elles surgiraient n'est pas être pessimiste, mais prévoyant.

Si vous investissez, essayez toujours d'avoir un temps d'avance sur les aléas éventuels de la vie. De penser à toutes ces situations possibles vous permet de réfléchir et d'adopter de meilleures stratégies tout en prenant de meilleures décisions.

Cette façon d'envisager l'avenir est également valable lors d'aléas structurels (et non anticipés au départ) comme de gros travaux à faire plus tôt que prévu. Vous poser les bonnes questions sur les situations éventuelles qui pourraient surgir et la manière dont vous pourriez y remédier vous permet d'ajuster au mieux votre capacité d'investissement.

L'imprévisible se manifestera toujours un jour ou l'autre sur une durée de 20 ans, mais d'avoir envisagé plusieurs scénarios catastrophes vous permettra de réagir adéquatement le moment venu, car vous aurez anticipé la plupart des probabilités.

Un des risques que vous encourrez assez fréquemment est la vacance locative outre les impayés de loyer puisque ce sont vos locataires qui rembourseront votre emprunt et donc paieront votre bien. Nous verrons plus loin comment vous prémunir contre ces deux éventualités pas totalement improbables. Mais vous pouvez déjà calculer que vous ne devez en aucun cas sous-estimer la vacance locative.

Par exemple, si vous louez des studios à des étudiants, deux mois de vacance locative (les étudiants ont tendance à ne pas louer de logement pendant les grandes vacances d'été, car ils vont ou bien chez leurs parents ou bien faire des petits boulots d'été) sont une estimation valable et ne peuvent qu'être moindres, ce qui sera tout bénéfice au final.

Nous avons pu voir que l'immobilier reste l'un des meilleurs investissements dont le rendement est nettement supérieur à celui de votre argent laissé sur un compte en banque, et comporte moins de risques que des investissements boursiers. Une des règles d'or est de toujours acheter au-dessous du marché, car dans l'investissement immobilier, le bénéfice se réalise à l'achat.

Dans ce chapitre, nous avons aussi étudié quelques possibilités pour réaliser un rendement entrepreneurial en supplément d'un rendement locatif. Nous avons aussi compris les risques et la manière de les éviter.

Dans le chapitre suivant, nous allons nous concentrer sur les différentes façons de financer vos biens immobiliers.

Chapitre 2 :
Le financement de vos biens immobiliers

Comme nous l'avons vu précédemment, l'investissement immobilier locatif est certainement la façon la plus rapide de venir riche. N'exagérons rien, tout de même. Vous ne deviendrez pas riche du jour au lendemain, mais il vous sera très possible de générer en une vingtaine d'années un patrimoine de plusieurs millions d'euros. Le plus important est que vous n'aurez probablement pas à débourser une somme astronomique de départ. En fait, il est même possible de ne rien débourser du tout, ce que nous allons étudier dans ce chapitre.

Pour financer votre investissement immobilier, sauf si vous êtes déjà en possession d'une somme conséquente, vous avez besoin d'un emprunt. Pour cela, il vous est nécessaire de discuter avec votre institution bancaire. Le mieux est d'apprendre le vocabulaire immobilier pour établir un plan de financement en béton démontrant que vous savez de quoi vous parlez. Taux d'intérêt, assurance PNO, LMNP, vous devrez savoir jongler avec ces termes.

Préparez quelques tableaux si vous vous en sentez capable. Les banquiers adorent ça. Montrez que vous avez dûment élaboré votre projet. Incluez des calculs de rentabilité brute, de rentabilité nette, de taux d'endettement pré- et post- investissement. Démontrez que vous avez calculé un taux de vacance locative raisonnable et une bonne somme pour les travaux d'entretien. Parlez de différé de remboursement, optimisation de la rentabilité par deux prêts gigognes. Bref, sachez parler banquier.

Dans ce chapitre, nous allons comprendre pourquoi il est inutile d'attendre d'être riche pour investir dans l'immobilier locatif. Nous allons étudier quelques solutions pour vous faire financer au maximum. Vous allez découvrir des moyens de parler d'égal à égal avec votre banquier et vous concevrez pourquoi engager un comptable peut s'avérer des plus utiles pour ne pas commettre d'erreur.

2.1. N'attendez pas d'être riche pour investir

Beaucoup de personnes pensent qu'il faut être riche pour investir dans l'immobilier locatif. C'est tout le contraire ! C'est votre investissement dans l'immobilier locatif qui vous rendra riche. Lorsque vous trouvez un investissement de qualité, l'argent est loin d'être un problème. La plupart des acheteurs ont recours à un emprunt.

Retenez bien que l'investissement immobilier locatif est un des moyens les plus sûrs pour créer de la richesse – la vôtre en l'occurrence – sur tous les marchés que ce soit dans la capitale, en province, en banlieue ou à la campagne.

D'autre part, il est vrai que le pays traverse une mauvaise période économique et que la crise financière est en pleine dépression. Mais c'est justement la période la plus propice pour les acheteurs, car les prix sont au plus bas, la concurrence est moindre, et il est clair que les vendeurs désirent vendre rapidement et sont anxieux de le faire. Nagez à contre-courant des autres et vous risquez de trouver les meilleures affaires qui soient.

En outre, tous les biens immobiliers bien entretenus prennent de la valeur avec le temps. Vous apprendrez vite comment faire et il est inutile – et impossible – de tout savoir au début. L'important est de commencer et la connaissance viendra avec l'expérience. Apprenez les principes fondamentaux de l'immobilier, puis connaissez bien votre marché, le montant des loyers pratiqués, le prix des immeubles, comptez toujours au mètre carré et comprenez que maintenant est le bon moment pour vous lancer.

Toutefois avant de vous lancer, définissez bien votre plan. Quel est votre but ? Voulez-vous un revenu complémentaire ou bien une retraite confortable ou encore partir plus tôt à la retraite ou souhaitez-vous devenir multimillionnaire ? Tous ces objectifs sont différents et votre stratégie devra être adaptée selon votre but. Tous ont cependant un trait commun : obtenir un rendement générant un cash-flow positif.

Ce qui nous amène à réfléchir à la sorte d'investissement que vous envisagez. Prévoyez-vous d'investir dans votre bien locatif en vue d'une revente rapide ou bien pour une location de longue durée sous votre coupe ? Nous avons vu que l'investissement locatif est calculé sur le long terme. La formule choisie influencera aussi de façon significative votre formule de financement. Cependant, dans les deux formules (long et court terme), votre objectif reste le même : celui d'obtenir une rentabilité maximale et de limiter vos frais le plus possible.

Il est bon à chaque achat de revoir votre stratégie d'investissement. Il se peut que, même si vous voulez investir dans le locatif, une bonne affaire se présente pour la revente. Connaître les deux stratégies peut se révéler être un énorme plus. De toute façon le but, dans les deux cas de figure, est de vous faire financer au maximum.

2.2. Faites-vous financer au maximum

Le taux d'intérêt pour l'immobilier est incroyablement bas, surtout comparé aux emprunts renouvelables ou personnels dits de consommation. Sachez que tous les banquiers vous demanderont un apport personnel. Leur métier consiste à minimiser les risques. Ne vous en contentez pas. Vous pouvez emprunter sans apport personnel. D'autres l'ont fait avant vous. Suivez-les sur cette voie. Votre dossier doit être en béton et votre projet avoir du potentiel. Fignolez votre dossier et il n'y a aucune raison pour que votre banque vous refuse votre prêt, même sans apport personnel. Tout est négociable. Dans le cas d'un refus, n'hésitez pas à aller trouver une autre banque. Parlez-en à votre conseiller. Vous avez de grandes chances qu'il obtempère alors dans votre sens. Le principal est de bien présenter les choses.

N'ayez pas peur de mettre votre banquier au pied du mur. Vous lui apportez un projet en or, il serait idiot de le refuser. Faites-le-lui comprendre. Et faites-lui bien sentir que s'il vous refuse votre prêt sans apport, un autre établissement sera heureux de vous l'accorder. Argumentez en agitant votre puissance de négociation. Il n'y a pas de règle universelle dans ce secteur.

Vous investissez dans l'immobilier locatif et, si vous avez la chance et faites une bonne affaire, votre investissement doit vous rapporter immédiatement un rendement supérieur au montant du remboursement de votre prêt.

Plusieurs façons de financer votre achat existent. A vous de choisir celle qui est la mieux adaptée à votre situation.

Si vous disposez d'économies, vous pouvez en utiliser une partie ou la totalité pour votre apport personnel. Malgré tout, même sans apport personnel, vous pouvez faire financer votre bien si vous pouvez démontrer qu'il sera d'un bon rendement. Dans le cas où vous n'avez aucune liquidité suffisante, il y a la solution de faire un emprunt à court terme pour produire votre apport personnel. C'est un emprunt sur une courte durée – en règle générale moins de cinq ans –, et votre acquisition immobilière ne sert pas de garantie – donc sans garantie hypothécaire. S'il s'agit d'un emprunt bancaire – ce pourrait être une autre sorte d'emprunt, familial, par exemple – le taux d'intérêt est beaucoup plus élevé que celui d'un prêt hypothécaire. Quant à lui, le prêt hypothécaire est celui qui s'étale sur une vingtaine d'années avec votre immobilier comme garantie.

Pensez à calculer les frais d'achat (frais de notaire, d'agence…) dans l'emprunt nécessaire à l'acquisition.

Vous avez plusieurs solutions :

a) vous payez votre immeuble comptant sans crédit hypothécaire et sans emprunt.

b) vous payez avec vos économies l'apport personnel et souscrivez un emprunt hypothécaire pour la somme de votre bien.

c) vous avez la moitié de l'apport personnel à votre disposition en économies : vous souscrivez un emprunt pour le reste de la somme pour l'apport personnel, plus un crédit hypothécaire pour le prix du bien.

d) vous n'avez aucun apport personnel : vous souscrivez un crédit hypothécaire sur la totalité du prix du bien plus la somme correspondant à l'apport personnel.

e) vous n'apportez rien : vous souscrivez un prêt personnel pour l'acompte et le solde en prêt hypothécaire.

Comme vous le constatez, il est donc possible d'acheter sans aucun apport personnel. Pour cela, il vous faut avoir un bon rapport avec votre banquier et un projet qui présente un potentiel de rendement. Vous créerez ainsi un cash-flow positif sans rien investir au départ ou, plus exactement, vous investirez l'argent des autres. Néanmoins, vous devez être certain que ce projet vous rapportera autant – sinon plus de préférence – que le montant du remboursement de vos emprunts. C'est là qu'il est important de choisir rigoureusement ses locataires comme nous le voyons au chapitre 6.2.

2.3. Parlez d'égal à égal avec votre banquier

Votre banquier est peut-être celui qui peut vous aider, mais vous êtes celui qui lui apporte un projet viable. Rares sont les banquiers qui refusent de faire de l'argent quand ils en voient la possibilité. Par ailleurs, deux directeurs d'une même banque, mais d'une filiale différente, peuvent avoir une opinion divergente. Tout est question de personnalité et aussi d'affinité entre vous et votre interlocuteur. Cherchez le bon banquier pour obtenir votre emprunt à 100 %. Si nécessaire, visitez plusieurs agences, mais n'arrêtez pas avant d'avoir trouvé la bonne.

Dans votre projet d'investissement immobilier, votre banquier est l'un de vos partenaires les plus importants. De votre relation avec lui dépend le succès ou l'échec de votre entreprise. Une bonne relation avec votre banquier est donc primordiale puisqu'il est celui qui vous donnera la possibilité d'acquérir ou non le bien envisagé à l'aide d'un ou plusieurs emprunts.

Pour ce faire, vous devez traiter d'égal à égal avec lui. Il ne vous concède pas un prêt, ce n'est pas une faveur qu'il vous fait : c'est un partenariat gagnant-gagnant. La banque gagnera de l'argent et vous aussi.

Avant de commencer votre recherche de bien, passez voir votre banquier pour connaître votre capacité d'endettement. Vous pourrez même lui demander qu'il vous remette une fiche de simulation, ce qui sera du meilleur effet dans une négociation future en plus de vous indiquer exactement votre position financière.

Pour être en mesure de traiter d'égal à égal avec votre banquier, il est bon de connaître aussi sa position. Est-il en état de prendre des décisions en ce qui concerne votre emprunt ? Interrogez-le sur son niveau de délégation. Si votre projet est en dessous, alors vous saurez que la décision dépendra de lui. Sinon, demandez à parler à un responsable ayant un pouvoir décisionnel.

Par ailleurs, il est impératif que nous connaissiez bien les mécanismes de financement bancaire. Sachez que, pour votre projet, la meilleure banque est celle qui vous accorde le crédit. Ce n'est pas nécessairement la vôtre ou celle qui propose les meilleurs taux d'intérêt. N'hésitez pas, allez présenter votre dossier à plusieurs banques.

Certaines institutions bancaires refusent de financer un investissement immobilier. En revanche, elles sont très réceptives pour accorder un crédit pour une résidence principale. Si votre banque actuelle en fait partie, dire à votre banquier que vous financez une résidence principale en vue d'obtenir votre crédit pour votre investissement immobilier n'est peut-être pas la meilleure solution. Bien qu'il ne puisse jamais, par la suite, vous obliger à habiter le bien, lui forcer ainsi la main n'établira pas un climat de confiance. Dans ce cas, il vaut peut-être mieux vous mettre à la recherche d'une autre banque s'il persiste sur cette position.

La même chose vaut si votre banquier tente de vous faire transférer vos revenus à son agence pour vous accorder le prêt. Bien sûr, vous pouvez toujours l'accepter et une fois les papiers du prêt signés, laisser vos revenus (ou les transférer à nouveau) sur votre compte actuel. Là encore, la question est de savoir si vous désirez ou non avoir cette banque comme partenaire futur. Un tel comportement de votre part peut nettement entacher la confiance de votre banquier vis-à-vis de vous. Toutefois, dans le financement de l'immobilier, l'investissement et les méandres de prêt, la fidélité n'est pas toujours la meilleure carte à jouer et elle n'est pas toujours non plus récompensée. Faire jouer la concurrence peut être une meilleure stratégie.

En face de votre banquier, votre principal atout sera de faire montre de connaissance de votre dossier et de son potentiel. Mais avant toute chose, essayez de mettre de l'ordre dans vos finances personnelles. Soldez vos crédits éventuels à la consommation et faites quelques économies – même faibles –, pour indiquer à votre banquier que vous avez des capacités d'épargne. Préparez-vous quelques mois à l'avance pour ne pas être dans le rouge au cours des mois précédents votre entrevue.

Pour faire la meilleure impression possible et établir une relation fondée sur la confiance, votre dossier appréhendera le calcul de vos revenus actuels total avec la somme de toutes vos rentrées (ne sont pas prises en compte les primes exceptionnelles. Elles le peuvent si elles ont un caractère régulier et toujours le même montant. Les dividendes d'actions ne sont jamais pris en compte non plus). Dans une autre colonne, vous inscrivez les revenus à venir du bien (loyer, charges, etc.).

Puis, faites la même chose pour les dépenses, les vôtres personnelles et celles du bien dans une autre colonne. N'oubliez pas pour ces dernières d'y inclure un montant pour l'entretien et la taxe foncière. En règle générale, on compte annuellement entre 0,5 % (bien récent) et 1 % (bien ancien) du prix du bien pour le maintenir en état.

En divisant vos revenus personnels par trois, vous obtenez la somme maximum que vous pouvez dédier à vos remboursements, c'est-à-dire un tiers de la somme totale de vos revenus. Ce que votre banquier vous confirmera.

Les revenus à venir générés par votre bien devraient couvrir le montant total de vos remboursements.

Une autre bonne stratégie est de vous informer sur les différentes sortes de crédits hypothécaires. Vous pourrez ainsi suivre votre banquier dans ses propositions et, qui sait, peut-être même lui présenter vous-même la solution de votre choix.

Vous savez déjà que le prêt hypothécaire est le type de financement qui porte exclusivement sur des biens immobiliers et qu'il s'agit de la forme la plus classique de financement. Votre bien acheté est financé avec un prêt hypothécaire et sert de garantie. Si vous effectuez convenablement en temps et en heure vos remboursements, le bien reste votre propriété. Sinon, il sera vendu (généralement aux enchères) après saisie pour honorer l'hypothèque.

Il serait trop fastidieux dans le cadre de cet ouvrage de vous décrire tous les systèmes différents de prêts hypothécaires et tout le système bancaire. Il existe de très bons livres sur le sujet. Notons, par exemple, *Le Système bancaire et financier international* par Jean-Marie Lepage, Michel Namy, *Le Management de la Performance Bancaire : Business Intelligence System*, Valérie Lelièvre, *Le Système bancaire et financier français*, Alain Choinel, *Le Système bancaire et financier : Approches française et européenne*, des ouvrages complets et hautement qualifiés qui vous permettront d'aller plus loin si vous le désirez[1]. Contentons-nous dans ce manuel d'une brève présentation qui est amplement suffisante pour vos débuts dans l'investissement immobilier.

Toutes les formules hypothécaires ne sont pas les mêmes et elles ne sont pas disponibles dans tous les pays, même à l'intérieur de l'Union européenne. Fréquemment, elles portent une appellation différente. Ce domaine étant en constante évolution, une recherche appropriée sur Internet et une sérieuse étude auprès de spécialistes sont fortement recommandées.

Cependant, il y a plusieurs formules que vous retrouvez presque toujours. 1° le remboursement de prêt avec mensualités constantes (le plus répandu) ; 2° le prêt avec remboursement constant en capital ; 3° le prêt à terme fixe et 4° l'hypothèque rechargeable.

---

[1] Vous trouverez les références cde ces ouvrages dans la bibliographie en fin de volume.

Dans le cas du prêt avec remboursement par mensualités constantes, si vous disposez d'un contrat à taux d'intérêt fixe, vous rembourserez d'un bout à l'autre de la durée de l'emprunt la même somme (au début, composée de plus d'intérêts et très peu de capital, tendance qui s'inversera progressivement).

Si vous avez une hypothèque du deuxième type, vous rembourserez à chaque mensualité la même part du capital pendant toute la durée de l'emprunt. Votre mensualité diminuera au fil du temps, car la part des intérêts, conséquente au départ, ira s'amenuisant.

Dans le prêt à terme fixe, au terme de l'emprunt, le remboursement se fera en une seule fois. Les mensualités sont assez légères puisqu'elles ne comprennent que les intérêts. Malgré tout, ceux-ci sont beaucoup plus importants avec ce type de crédit, car les intérêts sont calculés sur la totalité du capital emprunté pendant toute la durée du crédit. Si cette formule permet un cash-flow augmenté du montant du remboursement nihil du capital, elle contient l'inconvénient de devoir rembourser la totalité du capital emprunté en une seule fois. Votre stratégie devra être efficace pour reconstituer ce capital emprunté (revente, assurance-vie, épargne, héritage, etc.).

De ce qui précède, vous pouvez constater que parler d'égal à égal avec votre banquier exige de votre part une certaine dose d'effort, mais n'est pas impossible. Pour plus de sûreté, il est sage de faire appel à un comptable.

2.4. Faites appel à un comptable pour ne pas commettre d'erreurs

Comme nous venons de le voir, le système bancaire est assez complexe. Si vous n'avez pas envie de vous former au-delà des fondamentaux et que les chiffres ne sont décidément pas votre tasse de thé, il est tout à fait envisageable de faire, dès le début, appel à un comptable spécialisé et c'est même fortement conseillé.

Un bon comptable est au courant des dernières modifications concernant la fiscalité de l'immobilier, mais aussi, de façon plus générale, de tout ce qui touche à la légalité en matière de location. Du moins, devrait-il l'être. Il peut vous conseiller sur le choix de votre prêt et sur le taux des intérêts.

Tous les organismes de prêt bancaire n'ont pas du tout les mêmes règles et n'appliquent pas les mêmes taux d'intérêt. Votre comptable peut vous démontrer à l'aide de simulations quels sont les plus avantageux pour vous. Par exemple, taux fixe ou taux variable ? La question se pose assez rarement en crédit immobilier, mais l'avis d'un expert peut faire une énorme différence s'il s'avère qu'un crédit à taux variable a un taux de départ significativement plus bas que le crédit à taux fixe. Faites confiance à votre comptable pour démêler le pour du contre.

Maîtriser la fiscalité n'est pas chose aisée comme vous le verrez au chapitre 5. L'aide d'un comptable est primordiale si vous ne voulez pas commettre des erreurs de débutant dès le départ.

En outre, votre comptable peut vous être d'une aide inestimable dans la gestion de votre crédit dans la durée. Il peut vous indiquer le meilleur moment pour refinancer votre crédit hypothécaire. Par exemple, si les taux d'intérêt ont fortement baissé depuis la date de votre acquisition. Cela peut faire une différence de 2 %, ce qui n'est pas négligeable. De même, votre comptable peut calculer s'il est préférable d'opter pour un refinancement interne (auprès de la même banque) ou bien en externe en choisissant une autre banque. En interne, ne comptez pas sur le banquier pour vous offrir le taux le plus bas. En revanche, un autre banquier aura tout intérêt à vous proposer un taux avantageux pour que vous signiez avec lui. Votre comptable sera là pour vous aider à démêler la meilleure proposition pour vous avec preuves à l'appui au moyen de simulations.

Dans ce chapitre, nous venons de voir qu'il est inutile d'attendre d'être riche pour investir dans l'immobilier locatif et qu'au contraire, si vous savez vous faire financer au maximum et obtenir un prêt de 100 %, c'est l'investissement qui vous enrichira ; que pour obtenir votre emprunt, vous devez parler d'égal à égal avec votre banquier et qu'il est préférable de faire appel à un comptable pour éviter les erreurs.

Dans le prochain chapitre, nous allons nous pencher sur les bonnes affaires.

Chapitre 3 :
Dénichez les bonnes affaires

Comme nous l'avons vu aux chapitres précédents, pour investir dans l'immobilier locatif avec succès, il faut disposer d'un bon dossier, c'est-à-dire conclure de bonnes affaires. La grande question qui se pose est : comment les dénicher ? Dans ce chapitre, nous allons étudier la question.

Tout d'abord, même si l'idée de devenir riche vous enthousiasme au plus haut point, prenez quand même le temps de vous poser et de réfléchir[2]. Trouver les bonnes affaires demande une certaine réflexion et, en premier lieu, de bien définir ses critères d'achat. Sachez aussi pourquoi vous investissez, ceci vous aidera en cela. Désirez-vous réaliser de gros bénéfices en peu de temps ou êtes-vous uniquement intéressé par un revenu mensuel ? Nous avons vu ces options au chapitre 2.

Quel que soit votre but, gardez-le toujours à l'esprit, car il définit vos stratégies et vos critères d'achat. Nous allons étudier les meilleures façons pour devenir un expert du marché local. Ce savoir est rédhibitoire pour faire de bonnes affaires. Ensuite, vous pourrez faire votre choix en connaissance de

---

[2] Vous pouvez lire à ce sujet Napoleon Hill : *Réfléchissez et devenez riche*.

cause. Viendra le moment où vous saurez alors reconnaître une bonne affaire.

En somme, comme nous allons le voir dans ce chapitre, dénicher les bonnes affaires n'est pas sorcier, mais demande un peu de pratique qui, sans être chronophage, exige tout de même de s'y consacrer un minimum de temps. Voyons maintenant comment définir vos critères d'achat.

3.1. Définissez vos critères d'achat

Sénèque a dit : « A celui qui ne sait pas vers quel port il navigue, nul vent n'est jamais favorable[3] ». En effet, comment arriver là où on veut aller si on ne sait ni comment y aller ni où on veut aller !

Après avoir réfléchi sur la raison de votre désir d'investissement, vous devez vous poser des questions pour définir vos critères d'achat. Quel type de bien recherchez-vous ? Un immeuble, une maison ? Un bien en copropriété dont vous occuperez peut-être vous-même un des appartements ? Dans quelle ville ? Dans quel quartier ? L'emplacement est le critère le plus important pour définir une bonne affaire. Souhaitez-vous investir dans des studios pour étudiants ? Dans ce cas, vous visez probablement des T1 dans une ville universitaire. Voulez-vous investir dans du neuf ou de l'ancien ? Là aussi le budget joue un rôle dans votre choix. Êtes-vous prêt à faire – ou

---

[3] Sénèque, *Lettres à Lucilius, LXXI.*

faire exécuter – des travaux ? Quels éléments sont pour vous essentiels ?

Vous devez exclusivement considérer les propriétés qui correspondent 100 % à vos critères. Soyez sélectif ! Vous ne devez jamais faire l'achat dans la précipitation et réfléchir aux questions suivantes vous permet de définir vos critères.

Une fois vos critères posés, vous pourrez vous plonger dans votre marché local.

Le premier critère à définir est l'emplacement. La ville (ou le quartier) où se situe votre immeuble le définit en grande partie, car ils sont inséparables l'un de l'autre. Ciblez bien la zone. Est-elle en train de se paupériser ou au contraire en pleine expansion économique ? C'est primordial de le savoir. Identifiez, dès le départ, les quartiers à fort potentiel de succès. Repérez-les, allez les visiter de jour comme en soirée ; en semaine et pendant le week-end. Un bon quartier vous assure d'un succès futur. Achetez préférablement un petit bien dans un bon quartier qu'un grand bien dans un quartier sur le déclin.

Un bon quartier correspond dans de nombreuses villes à des quartiers plus anciens en rénovation. Il peut aussi s'agir d'un quartier dans lequel les autorités investissent des fonds et ajoutent des structures pour l'améliorer. Mais, dans ce cas, sachez que cela prend du temps pour qu'un quartier de mauvaise réputation attire de bons clients/locataires une fois réhabilité. Par ailleurs, un nombre élevé de biens à vendre dans le même quartier n'est pas de bon augure. Fuyez !

Investir près de chez vous comporte de nombreux avantages. Vous serez à pied d'œuvre en peu de temps pour surveiller les travaux et, plus tard, gérer vos locataires qui feront appel à vous en cas de problème. Cela pourrait faire partie de vos critères.

Les immeubles et les maisons de ce quartier sont-ils bien entretenus ? L'aspect général est-il agréable ? Quel est le niveau de criminalité ? A quelle distance sont les transports en commun ? Y a-t-il des rues commerçantes ou des commerces à proximité ? Quelle est la vue de l'appartement ? La vue peut être un critère important pour de futurs locataires.

D'un côté, vous avez les critères positifs, c'est-à-dire ceux que vous recherchez. D'un autre, il y a ceux à bannir et que vous rejetez comme les zones d'insécurité, celles qui sont trop onéreuses, celles de mauvaise réputation. Vous voulez aussi éviter, cela va de soi, les proximités d'aéroport, de gare ferroviaire ou routière, d'école ou de cour de récréation, les grands axes routiers, en un mot les zones bruyantes. Pensez aussi qu'une rue calme, sans bar et sans trop de trafic, peut se transformer, la nuit ou au petit matin, en une rue où passent, pour rejoindre le campus, les étudiants en goguette sortis au centre-ville. Dans une ville universitaire, cette situation n'est pas improbable et se présente régulièrement.

Ensuite, vous voulez définir exactement quel type de bien immobilier vous souhaitez. Tout dépend de vos moyens et sera aussi en fonction de vos compétences et personnalité. A vous de décider ! Recherchez-vous un immeuble avec plusieurs appartements, une maison unifamiliale ou un seul appartement ? Le prix de vente, donc d'achat, d'un bien immobilier locatif est déterminé en partie par le montant des loyers qu'il génère.

On peut dire qu'une maison unifamiliale présente l'avantage d'être facile à revendre avec une possibilité de plus-value importante à la revente, mais le fait d'avoir un seul locataire augmente le risque de vacance locative.

Les appartements offrent à peu près les mêmes avantages et les mêmes inconvénients. Malgré tout, le montant des charges peut s'avérer élevé.

Un immeuble comprenant plusieurs appartements offre plus de stabilité quant aux revenus locatifs et la vacance locative n'est pas dépendante d'un seul locataire. En revanche, il sera moins aisé à revendre et nécessitera une maintenance qui peut s'avérer onéreuse. Il exigera aussi la gestion de plusieurs locataires.

Il y a une demande croissante de garages et d'emplacements de parking dans les villes et ils exigent un faible investissement pour un rendement conséquent. En revanche, il en faut un grand nombre pour engendrer un revenu d'importance et la gestion peut en être chronophage.

Les locaux commerciaux et industriels génèrent un rendement locatif élevé, mais ils peuvent être plus difficiles à revendre. S'ils sont à réaffecter, la plus-value peut être importante à la revente. Toutefois, les complexités technique et administrative vont de pair avec un budget conséquent.

De cette brève énumération, il ressort que le bien immobilier dont les avantages surpassent les inconvénients est l'immeuble multi appartements, s'il est acquis en sa totalité. Le prix total est la plupart du temps inférieur à la somme des prix de chaque unité. Le risque de vacance locative est minimisé, car les loyers continuent d'être générés par les autres appartements. Avec un peu de chance, le prix au mètre carré peut se révéler inférieur à celui du marché, ce qui sera potentiellement une bonne affaire.

Puis, vous devez vous diriger vers les caractéristiques du bien lui-même que vous désirez. Soyez très précis dans vos exigences.

Si votre choix se porte sur une maison, combien de chambres doit-elle avoir ? La même chose vaut pour un appartement. Quelle en sera la surface habitable ? Voulez-vous un garage, une place de parking inclus ? Et si vous recherchez un immeuble locatif, combien d'appartements voulez-vous et quel sera la surface locative de chaque unité ? Votre gamme de prix aura aussi « son mot à dire ». Définir une fourchette de prix à investir est primordial et fait aussi partie de vos critères. Tout comme l'ampleur des travaux, l'état général du bien…

Prenez le temps de vous informer. N'oubliez pas que les meilleurs choix sont des choix éclairés. Dans le cas de vos critères d'achat, cela signifie que vous devez connaître les possibilités et les offres du marché. En un mot, définissez tous les critères possibles et imaginables avant de partir à la conquête de votre marché local.

3.2. Devenez un expert de votre marché local

Par marché local, on ne comprend pas nécessairement le marché près de chez vous – quoiqu'un investissement à proximité de votre résidence possède de nombreux avantages – mais le marché où vous envisagez d'investir : votre zone cible. Cette définition étant maintenant claire, il vous reste à choisir la manière dont vous allez vous y prendre pour expérimenter à fond ce fameux marché local.

Tout ne se fera pas en un jour. Autrement dit, vous ne deviendrez pas un expert du jour au lendemain, mais avec persévérance, patience et étude, vous y parviendrez.

Si vous êtes débutant dans l'investissement immobilier, il y a fort à parier que vous n'y connaissez pas encore grand-chose. Vous avez peut-être dans votre cercle familial – ou d'amis – des personnes qui seront généreuses en conseils après avoir investi dans un bien. Mais pour autant que ces personnes soient dignes de confiance, s'y connaissent-elles vraiment ? Ont-elles réalisé de si bonnes affaires ? En résumé, sont-elles réellement au courant du marché ? Sûr que l'agent immobilier qui vous fera visiter les biens le connait ! Mais, rappelez-vous, il est employé par le vendeur et ne sera pas non plus nécessairement la personne adéquate pour vous prodiguer les conseils appropriés à suivre. La solution idéale est de vous former et de devenir vous-même un expert de votre marché.

En lisant ce livre, vous faites d'énormes progrès et vous pouvez mettre en pratique les outils proposés. C'est un très bon début.

Le marché immobilier est multiple. On devrait dire « les marchés immobiliers ». Tous avec leurs caractéristiques propres et des investisseurs différents qui, couramment, se spécialisent dans une sorte de bien.

Le marché des maisons unifamiliales diffère de celui des appartements ; celui des immeubles locatifs, de celui des surfaces commerciales.

Vous avez maintenant défini vos critères et vous savez donc sur quel marché porter vos regards. Gardez cependant bien en tête qu'un des marchés peut avoir de grandes demandes alors qu'un autre est en baisse dans la même zone. Lorsqu'une crise économique sévit, le marché des villas de luxe peut s'effondrer alors que celui des appartements peut être en hausse. Tout est affaire d'équilibre entre l'offre et la demande. Si la demande est en baisse, ainsi vont les prix. La demande augmente-t-elle, les prix suivent.

Si beaucoup d'appartements et plusieurs immeubles locatifs ont été construits alors qu'une grosse entreprise génératrice d'emplois délocalise sa chaîne de production et ses bureaux, le marché des appartements et des immeubles locatifs va stagner alors que d'autres marchés pourront connaître un état florissant.

Par ailleurs, un marché immobilier est aussi caractérisé par la zone géographique où il est situé. Même si des tendances générales internationales se dégagent des études et des statistiques, on a constaté que chaque pays, chaque ville et, même, chaque quartier, affiche ses caractéristiques et son marché immobilier propres.

Pour bien connaître votre marché local, consultez les annonces immobilières. Cela vous donne une idée de base sur les prix pratiqués. Du moins, sur l es prix affichés, car après négociation, les prix ont tendance à baisser. Malgré tout, cela vous donne une estimation des offres.

Pour aller plus loin, vous pouvez faire une recherche sur le site des impôts à partir de votre espace personnel et accéder aux transactions qui ont eu lieu dans toute la France. Si vous connaissez l'adresse d'un bien qui vient de se vendre, il vous est facile de récupérer toutes ses données sur le site. Vous pouvez faire jusqu'à 50 recherches par mois, ce qui est probablement suffisant pour vos besoins au début.

Cette stratégie de recherche vous permet d'évaluer la demande locative et c'est réellement ce que vous devez savoir pour traiter avec connaissance dans le marché immobilier locatif.

Rendez quelques visites dans votre zone cible ; discutez avec les gens au café, chez les commerçants ou avec les voisins. S'il n'y a ni les uns ni les autres, car il s'agit par exemple d'une zone résidentielle, et que vous ayez un chien, allez le promener dans le coin. Un chien est toujours une bonne entrée en matière pour engager la conversation avec des inconnus qui sortent leurs toutous. Les gardiens d'immeubles sont aussi ordinairement une bonne source de renseignements et ils sont particulièrement à une place de choix pour recueillir les confidences des habitants.

Connaître votre marché inclut un tas de petits détails en dehors des chiffres et des calculs de prix au mètre carré.

Une autre manière qui peut vous rapporter gros en termes de connaissance d'un quartier, c'est de participer à des événements locaux dans le secteur visé. Les gens sont plus enclins à se décontracter dans un endroit familier. Vous pouvez dire que vous songez à vous établir dans le quartier ou que vous désirez investir. Rares sont ceux qui ne vous confieront pas quelques anecdotes utiles pour votre dessein. Ne craignez pas de dire que vous investissez. L'immobilier intéresse tout le monde. Nous sommes tous locataire ou propriétaire ou les deux. Et tous les locataires connaissent des propriétaires et vice versa.

Une fois que votre marché local renferme peu de secret pour vous, il est temps de choisir le type de bien visé.

3.3.   Choisissez le type de bien visé

Vous avez défini vos critères et vous savez maintenant exactement dans quel type de bien vous désirez investir. Après avoir pris connaissance de votre marché, vous avez détecté deux ou trois biens qui pourraient correspondre à ce que vous recherchez. Rappelez-vous : chaque bien visé doit comprendre la totalité de vos critères. Inutile de faire l'impasse sur l'un d'eux, vous pourriez le regretter plus tard. Vous avez mûrement réfléchi en définissant vos critères et il serait dommage de ne pas en tenir compte maintenant et de vouloir acquérir un bien à toute force. Si ce n'est pas l'un de ceux que vous avez remarqué que vous pouvez acheter, n'ayez aucune inquiétude. Il en arrivera rapidement d'autres sur le marché et alors votre bien idéal fera certainement partie du lot.

Plusieurs opportunités s'offrent à vous pour choisir le type de bien visé.

Vous pouvez écumer Internet. Vous avez des sites d'annonces immobilières spécialisés, sur lesquels vous indiquez vos critères précis comme le type de bien (appartement, maison, immeuble de rapport, locaux industriels ou commerciaux) avec votre fourchette de prix, la localisation, les caractéristiques (avec ou sans jardin).

Vous avez aussi accès à la presse imprimée avec les pages dédiées à l'immobilier. La plupart des journaux ont aussi une édition numérique. Les agences immobilières ont usuellement un site professionnel et publient aussi leurs annonces sur des sites immobiliers.

Il existe des sites d'annonces où se trouvent en grande partie des offres de particuliers mais en règle générale, les annonces sur les sites immobiliers proviennent tout aussi bien d'agences que de particuliers. Lorsqu'il s'agit d'une annonce placée par une agence, certains sites portent à côté du titre la mention « PRO » mais pas tous. En revanche, il y a certains détails qui peuvent vous guider pour débusquer les annonces de particuliers, comme les indications « Prix à débattre » ou « Faire offre » ou encore « A visiter entre 18h et 21 h ». Les particuliers sont rarement au courant des prix du marché. C'est un peu leur manière : attendre qu'un acheteur se présente, mais ils ont habituellement un prix de vente en tête. A vous de le découvrir. Ce prix correspond rarement à celui du marché mais il est une indication de ce que vous pouvez espérer.

Les ventes publiques offrent aussi de temps à autre des occasions de réaliser de bonnes affaires. Mais attention ! Les prix sont loin d'être dérisoires et les frais plus élevés que pour les ventes de gré à gré.

Et gardez toujours vos critères à l'esprit ! Ainsi, après avoir déniché le type de bien visé, vous allez dénicher la bonne affaire.

3.4. Sachez reconnaître une bonne affaire

La meilleure bonne affaire que vous puissiez trouver en immobilier, c'est un bien qui comprend tous vos critères et dont le prix est en dessous de celui du marché. Pour la reconnaître, vous devez prospecter le marché et en être devenu un véritable expert. Tout au moins devez-vous connaître le prix moyen du mètre carré dans votre zone cible.

Vous lirez un nombre phénoménal d'annonces et vous visiterez un grand nombre de biens au cours de votre recherche. Votre mémoire n'étant pas infaillible, il est bon de faire des fiches, une pour chaque bien visité. Faites-la immédiatement après votre visite. Vous pouvez ensuite ordonner toutes ces fiches dans un dossier. Gardez le dossier dans votre smartphone. Vous l'aurez ainsi toujours sous la main lors de prochaines visites et pourrez le consulter à loisir. Référencez sur ces fiches l'adresse, les coordonnées de contact et toutes les caractéristiques qui vous semblent importantes, mais impérativement le prix demandé, la surface habitable et faites le calcul du prix moyen au mètre carré que vous affichez dans le nom de la fiche de manière à l'avoir sous les yeux dès que vous ouvrez votre dossier sans avoir à ouvrir toutes les fiches.

Le prix au mètre carré sera toujours votre référence de comparaison pour juger d'une bonne affaire. S'il existe des photos du bien, mettez-les sur votre fiche. Pendant votre visite, prenez des photos vous-même avec votre portable. Les agents immobiliers ont tendance à sélectionner des photos qui mettent en valeur le bien. Essayez de voir au-delà de la cosmétique.

S'il s'agit de la visite d'immeubles locatifs, renseignez-vous sur le nombre d'appartements loués au moment de la mise en vente et s'il y a des locataires qui ont résilié leur bail pour les prochains mois. Important aussi de connaître les échéances des loyers, si les charges sont en surplus du loyer, etc.

Plusieurs sites immobiliers offrent une checklist à télécharger pour poser les questions importantes pendant la visite. Elles peuvent s'avérer très utiles, surtout si vous faites plusieurs visites à la suite. Ne vous fiez pas uniquement à votre mémoire et prenez votre temps même si l'agent ou les propriétaires paraissent pressés. Ce n'est pas votre problème. Vous êtes sur le point d'investir une grosse somme dans ce projet qui est aussi le leur puisqu'ils veulent vendre et vous, acheter. Le moins qu'ils puissent faire est de prendre le temps de répondre à toutes vos questions même celles qui vont de soi, comme de savoir si chaque appartement possède un compteur électrique et si les factures sont bien à la charge des locataires.

Un grand nombre d'investisseurs ont subi de grosses pertes pour n'avoir pas osé poser les questions dont la réponse semblait aller de soi. Ne les imitez pas.

Pour une visite, commencez par inspecter le bien de l'extérieur. Vous saurez dès les premiers regards si ce bien vous intéresse ou non. Son prix au mètre carré peut être attractif, en dessous du marché, il peut répondre positivement à tous vos critères, sembler l'affaire du siècle mais si votre feeling vous transmet une mauvaise impression : ne l'achetez pas ! D'un autre côté, si le bien présente toutes les qualités requises et que vous ressentez un bon feeling, ne vous précipitez pas non plus.

S'il s'agit d'un immeuble en copropriété, renseignez-vous sur les charges. Une bonne affaire n'est parfois telle que jusqu'à ce que vous connaissiez le montant des charges qui peut plomber la rentabilité.

Il peut aussi y avoir des travaux à faire à courte échéance qui ne sont pas nécessairement visibles. Une bonne stratégie, c'est de vous procurer le procès-verbal des deux dernières assemblées générales de copropriété. Comme cela, vous pourrez constater si des travaux d'importance sont prévus dans les deux trois années à venir. Une bonne affaire, identifiée comme telle au départ, peut s'avérer un gouffre financier en creusant un peu. Renseignez-vous aussi sur les finances du syndic qui gère le bien. De nombreuses copropriétés sont endettées. Vous ne voulez assurément pas y investir.

Pour revenir au prix moyen du mètre carré dont il est plusieurs fois question ici, vous devez déterminer le prix moyen du mètre carré de votre marché pour savoir si vous faites une bonne affaire ou non et connaître la valeur de ce bien. Vous allez donc établir le prix moyen du mètre carré dans votre secteur cible. Les prix moyens au mètre carré affichés sur les sites de notaire ou d'agence immobilière sont dans votre cas un indicateur peu précis. Ils sont calculés, le plus souvent, à partir de toutes les ventes et de tous les types de biens dans une ville ou région entière. La meilleure stratégie est de faire vos propres calculs pour le genre de bien qui vous intéresse dans votre zone cible.

Procédez ainsi : Recherchez une quinzaine de propriétés correspondant à vos critères d'achat. Vous notez leur prix et leur surface habitable. C'est là que le service « Patrim » des impôts peut vous être d'un grand secours, car vous aurez accès au prix de vente réel des biens. Pour chaque unité vous calculez le prix au mètre carré en divisant le prix du bien par le nombre de mètres carrés habitables. S'il s'agit d'un immeuble locatif, faites-le pour chaque unité locative. Puis, vous calculez le prix moyen mètre carré en additionnant tous les prix au mètre carré et en divisant le total par le nombre de propriétés que vous avez incluses dans vos calculs.

Par exemple, un appartement de 100 m² vendu 350 000 € = 3 500 € au m². Un autre appartement de 50 m² vendu 200 000 € = 2 000 € au m². Un appartement 250 m² vendu 300 000 € = 2 000 € au m².

3 500 € + 4 000 € + 2 000 € = 9 500 € /3 = prix moyen au m² 3 166 €.

Pour estimer la valeur du bien qui vous intéresse, vous multipliez la surface par le prix moyen au m² 3 166 €. Par exemple, vous envisagez cet appartement de 100 m², sa valeur est donc 100 m² x 3 166 € = 317 000 € (vous arrondissez).

Votre calcul du prix moyen au m² sera un précieux atout pour calculer le prix des propriétés que l'on vous propose. Si on essaye de vous vendre une maison de 150 m² pour 600 000 € cela revient à un prix de 4 000 € au m². Donc, ce bien est nettement au-dessus du prix moyen par m². En revanche, un appartement de 100 m² pour 250 000 € est une bonne affaire puisque cela correspond à 2 500 € le m².

Toutefois, cela n'est valable que pour des biens comparables. Vous ne pouvez mettre sur le même plan une maison de campagne mal équipée et nécessitant de gros travaux avec un appartement dernier cri, cela va de soi.

Par ailleurs, si la bonne affaire supposée passe tous les tests, alors vous êtes bon pour entrer en négociation.

Dans ce chapitre, nous avons vu comment dénicher les bonnes affaires ; comment devenir un expert du marché local. Vous avez défini vos critères d'achat et choisi le type de bien visé. Dans le prochain chapitre, nous allons voir comment négocier les bonnes affaires.

Chapitre 4 : Négociez les bonnes affaires

La négociation est un jeu entre un vendeur et un acheteur. Le premier désire se débarrasser d'un bien ; le second tente de l'acquérir. Tous les deux ont un but commun : réaliser pour son compte le meilleur prix qui soit.

L'aspect psychologique de la transaction immobilière est fascinant et, dites-vous bien qu'elle débute lors du premier contact que ce soit par écrit (un courriel) ou par téléphone en réponse à une annonce. Alors, oui, ce chapitre se concentre sur l'achat et la négociation, car c'est aussi tout un art qu'il faut apprendre. La négociation fait partie du processus d'achat et peut devenir un grand plaisir lorsque vous réalisez une économie de plusieurs milliers d'euros, comme un immense casse-tête si vous vous y prenez mal et n'en connaissez pas les quelques règles primaires. Vous avez donc fait des visites et retenu une bonne affaire. Vous êtes prêt à acheter.

4.1. Le processus d'achat

Dans l'immobilier, comme dans beaucoup de domaines, le processus d'achat varie d'un pays à l'autre. Il s'agit de grosses sommes engagées et la transaction se réalise en plusieurs étapes. Nous parlerons ici des étapes en France.

La visite effectuée et les négociations terminées, vous vous trouvez avec une offre d'achat acceptée par le vendeur qui est un accord sur le prix et l'objet. Vient ensuite la signature d'un avant contrat et le versement d'un acompte (en règle générale 10 % du prix total) appelé le compromis de vente. Et pour finir, la signature de l'acte définitif avec le paiement du solde et la remise des clefs.

La première étape est donc l'offre d'achat et vous ferez bien de la rédiger par écrit ou de la faire rédiger – tout au moins valider – par votre notaire. Si le vendeur accepte et signe votre offre, vous êtes tous les deux, à partir de ce moment, liés légalement. Si vous changiez d'avis, le vendeur serait en droit de vous réclamer des dommages et intérêts. Soyez certain de ce que vous signez. La même chose vaut pour l'offre d'achat pré-imprimée que pourrait mettre à votre disposition l'agent immobilier ou le vendeur. Lisez-la soigneusement jusqu'aux petites lettres ou, encore mieux, faites-la lire par votre notaire.

Dans le cas où votre vendeur vous fait une contre-offre par écrit, vous pouvez vous retirer de la vente sans problème si celle-ci ne vous satisfait pas. De même, s'il ne répond pas dans le délai fixé, d'où l'intérêt de faire une offre limitée dans le temps.

L'offre d'achat doit être bien renseignée et mentionner des éléments indispensables. Entre autres, l'identité de l'acheteur, l'adresse du bien concerné, le prix proposé par l'acheteur et la durée de la validité de la proposition avec la mention des dates précises (par exemple, « la présente offre est valable du 25 mars 2019 au 29 mars 2019 à minuit, date à laquelle elle perd toute validité ») et elle doit être signée. Elle peut en outre comprendre des clauses suspensives. Une copie de votre offre d'achat doit être remise à votre banque qui pourra finaliser votre financement.

Une fois la période de l'offre terminée et si vous êtes d'accord avec le vendeur, vous signerez quelques jours plus tard votre compromis de vente. C'est à peu près le même texte que votre offre d'achat mais avec une série d'articles juridiques et augmenté d'un dossier comprenant les diagnostics suivants ayant une durée de validité variable.

Diagnostics : 1) Recherche de la présence d'amiante sur tous les biens construits avant le 1er juillet 1997 dans la France entière qu'il s'agisse d'une vente ou de location ; valable pendant une durée illimitée si le résultat est négatif. 2) Le mesurage de la surface selon Carrez d'une durée illimitée si aucuns travaux intérieurs n'ont été réalisés. 3) Diagnostic de l'assainissement si le tout-à-l'égout n'est pas présent ; durée d'une validité de 8 ans. 4) Diagnostic sur la présence de termites selon arrêté préfectoral du département, valable six mois. 5) Diagnostic sur la présence de plomb sur tous les biens de construction antérieure à 1949 dans la France entière. Durée illimitée si absence de plomb. Valable 1 an pour la vente si présence de plomb et 6 ans pour la location. 6) Le Diagnostic de Performance Énergétique (DPE) est à réaliser pour tous les biens si un système de chauffage est présent. Il doit déjà figurer obligatoirement dans l'annonce, il est valable pendant une durée de 10 ans. 7) Diagnostic du Gaz s'il y a une installation qui a plus de 15 ans d'ancienneté, il est valable trois ans. 8) Diagnostic d'électricité si l'installation a plus de 15 ans d'ancienneté, valable trois ans. 9) Diagnostic sur l'État des Risques Naturels Miniers et Technologiques (ERNMT) pour tous les biens dans la France entière par arrêté préfectoral dans certaines communes, valable 8 ans.

La promesse de vente lie les deux parties. Le vendeur n'a pas le droit de vendre le bien à un autre acheteur et ce dernier a une obligation d'achat. Ce document peut aussi comprendre des conditions suspensives. Notamment l'acheteur indique souvent comme clause suspensive que la vente ne sera réalisée que s'il obtient le prêt pour le financement.

Ce dernier a une obligation d'achat. Ce document peut aussi comprendre des conditions suspensives.

L'acheteur paie, en règle générale, un acompte sur la vente, qui sera déduit de la somme totale du bien lors de la signature définitive du contrat. Si l'acheteur, pour des raisons autres que mentionnées dans les conditions suspensives, se désiste, il perd cet acompte. Il est fortement conseillé de verser cet argent sur le compte de votre notaire qui le détiendra en dépôt. Cela facilitera les choses si vous devez faire jouer une clause suspensive.

Arrive maintenant la période d'attente de quelques mois (entre 2 et 3) avant la signature de l'acte de vente définitif qui se fera obligatoirement devant notaire.

Pendant cette période d'attente, votre notaire ne chôme pas. Il vérifie que le vendeur est bien le propriétaire légal et seul propriétaire du bien, que le bien n'est pas hypothéqué et il contrôle les rapports d'urbanisme et cadastraux.

La signature de l'acte définitif de vente se fait en présence du notaire, de l'acheteur et du vendeur ou de l'agent immobilier qui le représente officiellement et est mandaté par lui. L'acheteur s'acquitte du solde à payer, majoré des frais d'achat (il a déjà habituellement versé la somme sur le compte du notaire avant la date de la signature) et le vendeur lui remet les clés devant le notaire. A compter de ce jour, l'acheteur devient le propriétaire légal du bien. Quant au vendeur, il n'a plus aucun droit. Le notaire fait enregistrer l'acte officiellement aux services cadastraux et il en garde un exemplaire en son étude.

Les frais d'achat, appelés erronément « frais de notaire », se répartissent en émoluments du notaire selon un pourcentage fixé par la loi en France, plus les frais occasionnés en rapport avec la vente pour le compte de son client et des droits d'enregistrement. La vente sera publiée au JO (Journal officiel) et le notaire remettra à l'acquéreur un titre de propriété définitif quelques mois après la signature. Toutefois, il est conseillé d'assurer dès la signature le bien acheté, car en même temps que la propriété, la responsabilité vous en est transférée.

4.2.   Faites une offre d'achat

Votre offre d'achat, le premier geste officiel que vous faites, vous engage juridiquement sur le chemin de l'acquisition du bien visé. Pour cette raison, vous devez vous assurer d'être réellement sûr de vous, car il n'y aura plus de retour en arrière possible sans sanction.

Une bonne stratégie est de consulter votre notaire en lui expliquant la nature de l'objet et le prix que vous comptez en proposer. Par ailleurs, il vous renseignera sur tous les aspects de la transaction. Il pourra contacter le notaire du vendeur et en obtenir toutes les informations à propos du bien envisagé. Il sera à même d'attirer votre attention sur des questions qui vous auraient peut-être échappé à la visite.

Votre notaire a une expérience de tous les aspects d'une vente et il est certainement la meilleure personne pour vous conseiller, tout en gardant à l'esprit les aspects juridiques.

Il pourra aussi vous dire si l'offre que vous proposez de faire est correcte, c'est-à-dire pas trop basse de façon à ce que votre interlocuteur la prenne en considération. Votre offre, bien qu'elle doive être basse, doit toujours laisser une fenêtre de discussion ouverte.

N'ayez pas peur d'essuyer un refus. Il est rare de conclure une affaire sur une première offre, sauf si elle est trop haute, ce que le vendeur acceptera sans délai.

En revanche, si vous êtes sérieux et le démontrez, par exemple, avec l'argument que vous êtes en état de concrétiser la vente rapidement, vous avez toutes les chances que le vendeur vous écoute avec attention. Rassurez-le en lui montrant l'accord de principe pour le financement que vous vous êtes procuré auprès de votre banque. C'est un argument clé pour le vendeur qui doit parfois vendre rapidement à cause de sa situation présente (divorce, mutation, succession à plusieurs héritiers, etc.) Il est aussi possible qu'il ait déjà eu des transactions qui n'ont pas abouti à cause de conditions suspensives, le précédent acheteur n'ayant pas obtenu le prêt convoité. Donc, une désillusion pour le vendeur qui pensait une fois la promesse de vente signée, avoir vendu son bien. Tous les agents immobiliers aiment conclure des ventes rapidement, car cela constitue moins de travail pour eux (moins de visites, moins de discussion) et un gain de temps qu'ils pourront consacrer à la vente d'un autre objet.

Vous pouvez faire une offre à durée illimitée ou au contraire une offre ferme. Si c'est celle que vous faites, n'en bougez plus. Parfois le vendeur la refusera pour revenir vers vous plus tard s'il n'arrive pas à vendre à un prix plus élevé. Si entre-temps, vous avez trouvé autre part, tant pis pour lui et tant mieux pour vous !

Les clauses suspensives vous ménagent une porte de sortie légale. Il peut y en avoir plusieurs ; leur nombre n'est pas limité. Vous pouvez en inclure dans votre offre d'achat.

Par exemple : que votre offre est valable à condition que le rapport d'expertise qualificatif sur la construction soit positif. Cela vous donne le temps de faire expertiser le bien à la recherche d'éventuels vices cachés, auquel cas vous pourriez sortir de la transaction sans sanction financière.

La clause suspensive la plus courante est que l'achat est conditionné à l'acceptation définitive du financement par votre banque.

Vous voulez faire expertiser la propriété à sa valeur sur le marché : ce peut être une clause suspensive.

Une clause suspensive pour vous garantir des aspects juridiques, est de mentionner que le contrat devra être approuvé par votre notaire.

Si vous êtes tombé d'accord avec le vendeur pour que celui-ci fasse exécuter certains travaux avant la vente définitive, vous devez le mentionner en clause suspensive et inclure la description en détails des travaux, au besoin à l'aide d'une annexe avec photos et devis s'il y a lieu, n'omettez pas d'indiquer également la date butoir d'exécution des travaux.

Même si le nombre de clauses suspensives est illimité, évitez d'en inclure en trop grande quantité. Plus il y en a, moins le vendeur est certain que la transaction aboutira et il pourrait faire affaire avec un autre acheteur et peut-être ne pas signer votre offre, avec le risque que la vente vous passe sous le nez.

Encore un mot sur les clauses suspensives : si un rapport d'expertise (qui ne vous coûtera que quelques euros) est négatif, pour quelque raison que ce soit, il est nettement préférable de vous retirer de la vente que de continuer votre engagement dans une affaire moins bonne que ce qu'elle vous paraissait au premier abord.

4.3.   Sachez négocier

Si la négociation est un jeu, c'est aussi tout un art. Lors de votre première visite (et aussi des suivantes), gardez votre sang-froid et ne montrez pas vos émotions. Un peu comme pour une partie de poker. Si vous voyez des éléments qui vous comblent, au lieu de vous extasier, revenez plutôt sur une caractéristique moins plaisante comme les peintures à refaire, la cuisine vétuste, le crépi de la façade qui annonce la nécessité d'un ravalement dans un proche avenir. Laissez voir au vendeur que vous êtes intéressé et ne critiquez pas à tort et à travers. En fait, gardez la plupart des remarques pour vous et laissez le plus possible le vendeur dévoiler ses batteries.

L'acquisition résultera de l'accord des deux parties. Inutile de faire des remarques désobligeantes. Pointez juste quelques faits véritables pour préparer votre vendeur à la baisse de prix que vous allez lui demander.

Vous avez la possibilité de gagner plusieurs milliers d'euros. N'hésitez pas à faire une offre très en dessous du prix affiché et même nettement au-dessous de celui du marché. Le vendeur fera une contre-proposition très au-dessus de la vôtre de toute façon.

Ne vous impliquez pas émotionnellement. Restez factuel. Double importance de noter et bien voir les travaux à faire inévitablement. C'est cela qui peut aider à faire baisser le prix. Cela, votre apparence et votre comportement.

Votre apparence doit être simple et votre comportement respirer la confiance en soi. Par ailleurs, votre force de conviction doit être – ou paraître – inébranlable. Si vous êtes déterminé et paraissez sûr de vous, le vendeur croira en la possibilité de faire aboutir la vente et sera plus enclin à entamer les négociations : « tu montes ton prix ; je descends le mien ».
    Préparez donc vos arguments et justifiez le prix proposé. Restez décontracté. Souriez. Si le vendeur

refuse votre offre, demandez-lui quelle est sa contre-proposition. Montrez-lui que vous êtes ouvert à la négociation. Ne vous précipitez pas. Laissez le temps à votre vendeur d'assimiler vos arguments.

Essayez de découvrir ses intérêts, ses entraves. Faites parler le vendeur. Demandez-lui la raison de la vente. C'est usuellement l'un des quatre D : dettes, divorce, déménagement, décès. Combien de propositions a-t-il reçues ? Depuis combien de temps le bien est-il à vendre ? Les réponses du vendeur vous donneront des informations que vous pourrez utiliser pour identifier sa position, c'est-à-dire le prix du bien qui l'aidera à atteindre son objectif réel, qui est de réussir à vendre à un certain prix minimum. Souvent celui qu'il estime être le prix du marché. Mais son besoin peut encore en diverger. Ce sera, par exemple, la somme qui lui est nécessaire pour conclure l'achat de la propriété qu'il a dans le collimateur une fois celle-ci vendue. La position et l'objectif du vendeur sont souvent négociables mais le besoin est le seuil de rupture.

Toutes vos questions doivent tendre à identifier ce besoin. Ainsi, vous connaîtrez la somme qui lui est réellement nécessaire. Si votre offre finale est un peu au-dessus, il acceptera avec l'impression d'avoir fait une bonne affaire mais il ne conclura que très rarement en-dessous.

Votre offre sera limitée dans le temps. Inutile d'attendre des semaines que votre vendeur se décide. Faites-lui comprendre que vous avez d'autres biens en vue et que votre offre est valide deux trois jours, le temps nécessaire pour qu'il prenne sa décision.

Montrez-lui que vous avez les moyens d'acheter, que votre offre est solide. Si besoin est, montrez-lui la simulation de la banque à propos de votre plan de financement. Mais en aucun cas ne laissez voir que c'est le seul bien qui vous intéresse et restez discret sur les excellentes opportunités que vous y décelez. Autrement dit, ne lui montrez pas que ce serait une bonne affaire pour vous et n'abattez pas toutes vos cartes.

En négociation, il y a quelques erreurs à éviter impérativement. Une grosse erreur serait de faire une offre beaucoup trop basse qui risque d'insulter le vendeur et le fermer à toute négociation. Il pensera peut-être aussi, dans ce cas, que vous n'êtes pas une option sérieuse et ne prendra même pas la peine de répondre.

Une erreur émotionnelle serait de mettre dès le début toutes vos cartes sur la table. Autrement dit, n'indiquez pas votre prix maximum tout de suite. Soit vous n'aurez plus la possibilité de surenchérir si le vendeur refuse votre proposition soit vous augmenterez votre prix et perdrez une part de votre rentabilité.

Sortir de ses critères n'est jamais une bonne option. Souvenez-vous en !

Ne soyez pas non plus péremptoire, genre : « c'est une offre à prendre ou à laisser ». Une telle offre ferme la communication. Ce n'est pas ce que vous recherchez.

Vous voulez, au contraire, une communication ouverte.

Dans le genre émotionnel, trop parler est aussi une grosse erreur au cours d'une négociation. Ne racontez pas votre vie. Soyez poli mais bref dans vos réponses et gardez-les le plus neutre possible. Trop parler pourrait vous amener à surenchérir sur vous-même. Une erreur fondamentale.

Si le vendeur ne répond pas à votre offre, ne lui faites pas une offre supérieure. Il utilise certainement la technique du silence pour vous rendre anxieux, car peu de gens supportent le silence dans une conversation. Ne tombez pas dans le panneau mais attendez tranquillement sa contre-proposition. Il peut aussi tout simplement être surpris et votre offre lui sembler excellente et inattendue.

En tout cas, ne répondez pas à une offre uniquement verbale. Demandez-la par écrit.

N'ayez jamais peur de négocier et ne payez jamais, au grand jamais, le prix demandé !! Celui-ci est toujours supérieur à ce que les vendeurs veulent vraiment, car ils s'attendent à ce que les acheteurs négocient. Donnez-leur ce à quoi ils s'attendent et faites-vous plaisir. La négociation est le sel de la transaction.

4.4.   Une fois l'offre acceptée

Vous êtes confirmé dans votre décision et assuré d'avoir fait une affaire de choix : nous partons donc de l'hypothèse que vous avez déniché la bonne affaire, fait une offre et que celle-ci a été acceptée par le vendeur.

Comme nous l'avons vu précédemment, l'offre d'achat est un geste qui vous engage légalement. Si le vendeur l'a acceptée, il est tout aussi lié légalement. Toutefois, cela n'est réellement valable que si l'acceptation a été rédigée par écrit et signée et de préférence datée.

Si le vendeur vous envoie un mail pour signifier qu'il accepte votre offre, elle est en principe juridiquement valable même si le courriel ne porte pas de signature manuscrite (et pour cause). Le Code civil en vertu de l'article 1589 considère qu'il y a vente dès que le consentement réciproque du vendeur et de l'acheteur est établi. Cependant, d'une décision rendue par la Cour de cassation en date du 28 mars 2006, la jurisprudence est venue contredire le Code civil en arguant que l'accord sur le prix et la chose ne suffit pas.

Ici donc, la prudence est de mise. Il vaudra toujours mieux avoir un accord écrit et l'acceptation de préférence indiquée sur l'offre d'achat elle-même.

Sachez aussi qu'un versement d'argent au vendeur, lors de la formulation ou lors de son acceptation par le vendeur, viendrait invalider l'offre d'achat et son acceptation. Le versement d'un acompte se fait uniquement à la signature de la promesse de vente.

L'offre d'achat, une fois dûment acceptée, génère donc des conséquences pour le vendeur et pour l'acheteur. Ce dernier ne pourra plus renoncer à l'acquisition.

Dans la réalité, il y a des acquéreurs qui ne donnent pas suite à la vente après l'offre d'achat et rares sont les vendeurs qui engagent des poursuites pour deux raisons principales : 1) les procédures sont longues et coûteuses et l'acheteur peut toujours faire jouer son droit de rétractation de 10 jours autorisé par la loi ; 2) le vendeur préfère le plus souvent se consacrer à la recherche d'un nouvel acheteur et laisse courir l'acheteur déloyal.

Le vendeur, en revanche, ne bénéficie pas de droit de rétractation. S'il se défile, le juge peut l'obliger à vous vendre le bien quand même.

Mais vous avez signé une offre d'achat avec la ferme intention de concrétiser la vente. Si le vendeur reçoit une seconde offre supérieure à la vôtre, il lui est interdit par la loi de l'accepter, car il est déjà engagé dans une vente par l'acceptation de votre offre. Le cas est tout de même assez fréquent de voir des vendeurs accepter cette seconde offre sans tenir compte de la première, pour le mentionner.

Mais partons du principe que vous avez fait une offre avec la ferme intention de concrétiser l'acquisition et que le vendeur est honnête et s'en tient à son acceptation, ce qui est conforme à la plupart des situations malgré tout.

Une chose que vous pouvez entreprendre est de faire expertiser le bien par un expert agréé. Dans cette circonstance, pendant la visite, vous avez tout intérêt à accompagner l'expert qui pourra vous donner, en cours de route, des explications sur les travaux à faire et vous indiquera, éventuellement, les installations non conformes. Il aura aussi certainement des solutions à vous suggérer et il est habituellement au courant des coûts de la plupart des travaux à entreprendre qui se révéleraient indispensables (refaire l'installation électrique aux normes ou la pose d'un assainissement autonome, par exemple).

Si un problème inattendu se remarque pendant votre visite, vous pouvez : 1) sortir de la transaction si vous avez inclus une clause suspensive à ce sujet ; 2) renégocier à la baisse, c'est-à-dire le montant de votre offre diminuée de celui des travaux ; ou 3) demander au vendeur de faire effectuer les travaux à ses propres frais. Avec cette solution, vous devez signer avec lui une nouvelle offre d'achat dans laquelle sera stipulé que l'offre n'est valable que les travaux effectués. Indiquez avec précision la nature des travaux et leur date limite d'exécution.

Une fois votre offre d'achat acceptée, il est important pour vous de savoir à quoi vous en tenir question travaux. Qu'allez-vous entreprendre une fois devenu le propriétaire du bien ? Vous devez déjà le savoir et vous pouvez faire établir des devis (peintures, ravalement, etc.). Il est conseillé de toujours faire établir trois devis par des artisans différents pour chaque type de travaux.

De même, c'est le moment de voir si vos plans de grandes transformations sont aptes à recevoir les autorisations nécessaires. Disons, vous avez acheté des entrepôts dans l'intention d'en faire des appartements. Renseignez-vous auprès des autorités locales compétentes (cadastre, urbanisme) si vous en avez le droit. L'obtention de cette autorisation pourrait faire l'objet d'une clause suspensive.

Vous n'êtes pas encore en possession des clés et vous devez les demander au vendeur. Pour cette raison, il est clairement préférable d'établir de bonnes relations transactionnelles, car celles-ci vous permettront de gagner du temps et les artisans choisis pourront commencer les travaux dès la signature du contrat définitif.

Une fois l'offre d'achat acceptée, vous n'êtes donc pas obligé de rester les bras croisés jusqu'à la date de la signature du contrat définitif. Vous pouvez déjà engager pas mal de travail pour avancer dans l'optimisation future de votre bien.

Dans ce chapitre, nous avons défini les étapes du processus d'achat et de la négociation pour remporter une bonne affaire. Un autre aspect indispensable est la connaissance de la fiscalité. Même si vous laissez cet aspect à votre comptable qui saura comment gérer vos impôts et vous indiquer les meilleurs choix de fiscalité par rapport à votre situation au cas par cas, il n'est pas inutile pour vous d'en parcourir les fondamentaux, ce que nous allons faire au chapitre suivant.

Chapitre 5 :
Maîtrisez la fiscalité

Toutes les propriétés immobilières, quelles qu'elles soient (terrains, immeubles, parkings, maisons unifamiliales, logements, etc.), sont soumises à des impôts et à des taxes qui sont variables selon la destination du bien immobilier. Des taxes et des impôts différents sont imposés aux propriétaires et aux locataires à titre divers. Dans ce chapitre, nous allons énumérer les principaux impôts rencontrés dans l'immobilier, puis, les meilleurs choix de fiscalité par rapport à certaines situations et les solutions pour payer moins d'impôts.

Nous ne pouvons qu'aborder brièvement ce domaine dans le présent chapitre, car la fiscalité de l'immobilier en France est complexe et exige la plus grande prudence dans son application en vue de la défiscalisation dont tout le monde est si friand.

En ce qui concerne l'immobilier, les différents impôts et taxes sont en nombre continuellement croissant (comme si la législation tentait d'encadrer toutes situations réelles et imaginables) et sont sujets à de nombreuses modifications. Les lois en vigueur évoluent constamment et il se pourrait que lorsque vous lisez ces lignes, certaines soient devenues caduques ou comportent de nouveaux addenda.

Les lois fiscales ont aussi cela de particulier qu'elles changent souvent de nom (habituellement celui du dernier ministre en date à les avoir remplacées) mais ne comprennent que des changements mineurs et conservent les principes de base.

5.1.   Les différents impôts

Que vous louiez votre bien meublé ou vide, les impôts ne seront pas les mêmes. Un régime fiscal peut procurer de grands avantages, comme comprendre la déductibilité des charges (alors qu'un autre ne le permet pas), réduisant ainsi le montant imposable. C'est le cas du LMNP (le régime du Louer Meublé Non Professionnel) qui présente l'atout de pouvoir déduire l'amortissement du bien. D'un autre côté, une des contraintes de ce régime fiscal est qu'il exige une grande connaissance de la comptabilité, car le statut du LMNP est en constante évolution. Par ailleurs, cela ne présentera aucun problème pour votre comptable. En outre, une partie de la dépense occasionnée pour la comptabilité est fiscalement déductible.

La taxe foncière est un impôt dont tout propriétaire est redevable, que le bien soit sa résidence principale, secondaire ou pour la location, et concerne aussi bien les locaux d'habitation et les parkings que les locaux industriels, professionnels ou commerciaux. C'est une taxe locale levée pour financer une partie des dépenses des localités et des départements. Son montant peut être fondamentalement différent selon les villes et les communes où se situe le bien.

La taxe d'habitation est une taxe locale qui est due par l'occupant au 1ᵉʳ janvier, qu'il s'agisse du propriétaire, du locataire ou d'un occupant à titre gratuit. Cette taxe est présumée disparaître en 2020 pour 80 % des ménages.

L'impôt sur les plus-values est une imposition sur la différence entre le prix d'achat et le prix de vente et concerne toutes les sessions à titre onéreux, immobiliers bâtis ou non. Les habitations principales, les biens détenus depuis plus de 30 ans ainsi que les ventes ne dépassant pas 15 000 € en sont exonérés.

Il procure des frais déductibles et il est prélevé lors de la vente par le notaire qui vire directement la somme au trésor public.

L'Impôt sur la Fortune Immobilière, IFI, concerne uniquement les particuliers – les personnes physiques et non les personnes morales (les sociétés) – et il est redevable pour les immeubles bâtis ou non, les biens en usufruit et professionnels non exonérés. Quant aux biens de luxe (yacht, avion, or, collection d'art, etc.), ils sont plus lourdement taxés s'ils sont non soumis.

La Taxe sur les Logements Vacants, TLV, est une incitation à la mise en location ou la session des logements vacants. Un logement doit être occupé plus de trois mois par an pour ne pas être considéré vacant. L'exonération en est possible si 1) le logement reste vacant malgré le loyer au prix du marché mais ne trouvant pas de locataires ; 2) des travaux importants sont entrepris ; 3) il s'agit d'une résidence secondaire meublée soumise à la taxe d'habitation.

Cette taxe est applicable aux villes de plus de 50 000 habitants où la demande excède l'offre.

La fiscalité de logement à usage locatif : que le logement soit loué vide ou meublé, il est soumis à l'impôt. La location vide comprend deux régimes : le régime du micro-foncier et le régime du réel. Le régime du micro-foncier concerne les locations nues aux revenus jusqu'à 15 000 €. Il permet un abattement de 30 % des revenus mais pas de déduire des charges.

Le régime du réel est obligatoire si les revenus excèdent 15 000 €. Choisi obligatoirement pour trois ans consécutifs, les charges y sont déduites des revenus.

La location meublée relève des bénéfices industriels et commerciaux (BIC) avec deux régimes possibles d'imposition : le micro-BIC avec un abattement de 50 % des revenus (avec un seuil de 70 000 € depuis 2018) ; le bénéfice réel avec une déduction des frais et charges.

Pour les bailleurs professionnels, il existe un régime spécifique d'imposition (LMP).

La taxe d'enlèvement des ordures ménagères, mise en place par la commune ou la ville, est indépendante du volume déposé. Son taux est fixe et elle est récupérable sur le locataire.

5.2.   Les erreurs à éviter

A propos des impôts, une erreur majeure serait de ne pas les connaître. Même si vous laissez à votre comptable le soin des calculs et des simulations, pour les apprécier à leur juste valeur, le moins que vous puissiez faire est de savoir de quoi il s'agit.

En achetant votre bien, faites attention à ne pas tomber dans la promesse de défiscalisation. C'est une erreur commise par beaucoup d'investisseurs que de croire que les produits défiscalisants ont été imaginés pour les aider. Non, ils sont créés par les gouvernements pour augmenter, au final, les recettes fiscales. L'industrie du bâtiment sert à créer des emplois, parfois à améliorer l'offre de logements, mais jamais pour vous permettre de gagner plus d'argent. Méfiez-vous des marchés « sur-construits » avec ces produits où on vous promet que X milliers d'euros seront déduits de vos revenus. Fort à parier qu'il y a anguille sous roche.

Deuxième grosse erreur :
Penser que l'achat de votre résidence principale est toujours rentable. Ce ne l'est pas ! Il est parfois beaucoup plus rentable de rester locataire et d'investir dans du locatif comme nous l'avons vu précédemment.

Autres erreurs à ne pas commettre :
Ne pas comparer la fiscalité locale, entre autres, la taxe foncière, dont le montant peut énormément diverger d'une ville ou d'une commune à l'autre. La différence, répercutée sur une dizaine d'années, peut être conséquente. Certains biens ayant la même valeur

cadastrale peuvent être imposés de façon fondamentalement différente.

Ne pas établir de plan fiscal est aussi une grosse erreur. A l'aide de votre plan fiscal, vous découvrirez s'il est préférable d'acheter en direct et, ainsi, de profiter du déficit foncier, ou bien de créer des SCI à l'impôt sur les sociétés pour chaque bien acheté. Dites-vous bien que vous devrez toujours, à un moment ou un autre, payer des impôts si votre bien est rentable. Avec une SCI, vous ne paierez un impôt que de 15 % si vos bénéfices restent en dessous du seuil autorisé et que vous les laissiez dans la société (le seuil autorisé est fréquemment relevé, donc il est préférable de contrôler ce montant vous-même). Votre plan fiscal doit porter pratiquement sur votre vie jusqu'à la retraite et comprendre tous les éléments importants comme mariage, naissance des enfants, déménagement éventuel, etc.

Une erreur serait aussi de ne pas contrôler si la nature des travaux envisagés sont éligibles pour une défiscalisation avant de les commencer. Tous les travaux de rénovation ne le sont pas. C'est le cas, par exemple, des aménagements de combles, considérés comme des agrandissements lesquels ne vous permettent pas de bénéficier du déficit foncier.

Les niches fiscales créées par le gouvernement, faut-il le rappeler, ne sont pas là afin que vous puissiez vous enrichir et comportent de nombreuses exceptions à l'éligibilité.

Ne pas se renseigner sur la fiscalité en vigueur au moment de l'achat pour le type de bien envisagé est une erreur à éviter. Vous pourriez avoir de sérieux revers si vous n'êtes pas au courant de la fiscalité sur votre marché local.

Si vous désirez faire de la location saisonnière (meublée, cela va de soi) ou de la colocation, il vous faudra obtenir une autorisation préalable si votre bien est situé dans une ville de plus de 200 000 habitants.

En colocation, il faut désormais que chaque chambre ait une surface minimum de 14 m² pour avoir légalement le droit de faire un bail individuel pour chaque locataire.

Vérifiez à chaque fois avant de vous engager dans ce type de location. Comme dit précédemment, la fiscalité est sujette à de nombreux changements.

5.3.   Le meilleur choix de fiscalité par rapport à votre situation

Selon votre situation, le choix d'une fiscalité sera préférable à un autre. Bien qu'il vaille mieux vous renseigner auprès de votre comptable pour décider du choix le meilleur par rapport à votre situation, la fiscalité étant un domaine des plus complexes, nous ne pouvons survoler ici que quelques possibilités de choix que vous pourriez faire.

En premier lieu, voyons quelques lois ainsi que quelques termes de régime dont il est impératif d'avoir connaissance.

La loi Malraux s'applique dans le cadre de la restauration complète d'un immeuble bâti dans certaines zones (pour une liste complète, consultez le site des impôts) et cette restauration doit être déclarée d'utilité publique, sauf dans certains cas bien définis par la loi. Le propriétaire doit donner son bien en location pour une durée minimum de 9 ans. Les travaux doivent obligatoirement faire l'objet d'une autorisation spéciale délivrée par le préfet (ASP) avant le démarrage des travaux. Les restaurations partielles en sont exclues.

Scellier-Duflot-Pinel

Le régime Scellier, dont les investisseurs continuent d'appliquer les réductions d'impôts et les engagements de location, a été remplacé par la loi Duflot au 1er janvier 2013. Au 1er septembre 2014, le Duflot est remplacé à son tour par la loi Pinel.

La loi Pinel procure une réduction d'impôt pour un investissement neuf ou en VEFA pour le mettre en location uniquement à usage d'habitation principale du locataire. Par contre, ce dispositif n'est pas accessible dans toutes les zones. Il l'est, en principe, tout comme le PTZ, dans les zones qui rencontrent de fortes tensions locatives.

Pour en bénéficier, les personnes doivent être fiscalisées en France. Le bien doit être une acquisition directe, en indivision, par un SCI à l'IR ou par achat de parts de SCPI.

Besson Robien Borloo COSSE

Les régimes Besson Robien et Borloo ne sont, en principe, plus applicables, exception faite de certaines situations très encadrées et selon les conventions signées avec l'agence ANAH.

Le dispositif COSSE a été aménagé par la loi ELAN (Evolution du Logement et Aménagement Numérique) qui l'étend aux logements situés en zone C.

Un outil en ligne que vous pouvez utiliser pour faire tous vos calculs et connaître ainsi le rendement de l'investissement que vous projetez d'acquérir, est le site Rendement locatif (un simulateur d'investissement locatif dont vous trouvez les références à la fin de cet ouvrage avec d'autres ressources en ligne).

Vous pouvez y paramétrer toutes vos données et ainsi obtenir des comparaisons entre plusieurs régimes locatifs sur la durée. Dans ce logiciel, tous les régimes fiscaux de l'investissement immobilier sont pris en compte en dépit de la complexité des calculs (amortissement, déficit foncier, pourcentage de défiscalisation, etc.). En outre, les calculs sont présentés sur des tableaux année par année. Une visibilité compréhensible pour vérifier vos cash-flow pour à peine une dizaine d'euros si vous désirez l'essayer un mois et un tarif dégressif pour un abonnement de 3, 6 ou 12 mois (une version gratuite est aussi disponible). Pour une ville donnée, il est possible de comparer la rentabilité d'un achat immobilier selon plusieurs types de stratégie d'investissement : Airbnb géré seul, Airbnb en gestion,

Studio meublé pour étudiant, Studio meublé en nu, Colocation, Colocation en nu, etc. Ainsi, en un clin d'œil vous voyez le classement des stratégies en France selon vos revenus. Vous déterminez ainsi la stratégie la plus rentable à adopter.

Ce site permet aussi de gérer la location de votre bien à distance sans avoir à passer par une agence. Vous en servir vous assurera de faire des simulations plus facilement et plus fiables qu'avec des fiches Excel, mais la meilleure solution reste tout de même de vous laisser guider par votre comptable.

5.4. Les autres solutions pour payer moins d'impôts

Il est normal de payer des impôts. Toutefois, c'est un sport national que d'essayer d'en payer le moins possible. En effet, pourquoi en payer plus s'il y a moyen de réduire la facture ?

Pour payer moins d'impôts, en tant qu'investisseur immobilier, vous avez un moyen légal qui est la défiscalisation. Celle-ci vous permet comme contribuable de diminuer ou de supprimer totalement vos impôts sur vos revenus fonciers. Pour ce faire, vous pouvez vous tourner vers des investissements défiscalisants. Si vous êtes déjà à la tête d'un patrimoine immobilier locatif, votre objectif n'est pas la rentabilité immédiate qui aurait pour résultat d'augmenter vos revenus fonciers, mais la recherche d'investissements qui vont, certes, augmenter votre patrimoine, mais, tout en réduisant vos impôts. Pour cela, vous allez vous diriger vers des dispositifs qui vous permettront d'atteindre cet objectif comme 1) la réhabilitation de logements neufs ou anciens ; 2) les résidences pour étudiants ; 3) les résidences pour seniors ; 4) les résidences dans les DOM-TOM ; 5) la loi Malraux ; 6) le régime Pinel. Les régimes Censi-Bouvard et Girardin ont fait l'objet d'une suppression en 2019.

Une solution à laquelle vous pouvez aussi penser est « Le défi forêt »

Si la rentabilité immédiate n'est pas votre objectif, l'investissement dans la forêt est parfaitement envisageable. Armez-vous tout de même de patience, car avant de pouvoir vendre vos arbres, il faudra qu'ils poussent. Le bois est une énergie renouvelable et le « défi forêt » est un dispositif d'encouragement fiscal décliné en trois versions : a) le défi acquisition ; b) le défi travaux ; c) le défi gestion.

Pour la réduction d'impôts possibles avec ces investissements, consultez le site des impôts, car les pourcentages et les contraintes qui y sont liés changent régulièrement. Gardez aussi à l'esprit que les terres agricoles ne bénéficient pas d'aide à l'impôt. En revanche, si vous les mettez en location, par exemple en confiez la gestion à un exploitant, elles peuvent être d'un bon rendement selon le bail consenti. Par ailleurs, les terres agricoles procurent des avantages en matière d'IFI (Impôt sur la Fortune Immobilière) et de droits de succession.

Chapitre 6 : Louez et gérez efficacement

Selon l'INSEE, plus de 11 millions de familles en France seraient locataires, soient environ 42 %, dont 23,5 % dans le secteur privé et les 18,4 % restants dans le social. Un coup d'œil suffit pour voir la perspective des possibilités de location. Toutefois, en tant que propriétaire bailleur, vous aurez des obligations, dont celle de délivrer un logement décent, quel qu'en soit le type.

Depuis le 13/12/2000, la loi impose des normes d'habitabilité que vous devrez respecter. Il est nécessaire d'en prendre connaissance, car ces lois visent à assurer la sécurité et la santé des locataires. Ainsi, tout logement destiné à la location doit posséder une pièce principale d'une surface au moins égale à 9 m². L'équipement doit correspondre à un certain confort en termes de possibilité de chauffage, d'alimentation en eau potable, d'évacuation des eaux usées, grises et vannes. Le sanitaire intérieur doit aussi comprendre des toilettes séparées de la cuisine et un éclairage dans toutes les pièces. Le logement doit être clos et couvert, les branchements d'électricité et de gaz doivent correspondre aux normes en vigueur, l'éclairage naturel doit être suffisant et le logement doit comprendre assez d'ouvertures sur l'extérieur pour pouvoir renouveler l'air ambiant de manière satisfaisante.

6.1.   Définissez correctement le montant de vos loyers

Une phase importante de la mise en location que vous devez effectuer avant de pouvoir définir un loyer correct est de savoir classer votre bien dans une des catégories habituellement considérées. Fait-il partie des logements bon marché, grand public ou de luxe ?

En principe, votre achat aura déjà déterminé la catégorie dans laquelle votre bien se classe. Vous avez eu des critères précis – que vous avez suivis – fondés sur le rationnel, ce qui n'aurait pas été le cas si vous aviez investi pour votre résidence principale (vos critères auraient alors été majoritairement émotionnels). Votre investissement locatif a donc été entièrement raisonné.

Le même principe s'applique lorsque vous devez fixer le montant correct de votre loyer. Vous ne louez pas pour faire la charité ou pour faire un beau geste. Vous louez parce que cela doit vous générer un rapport. Votre bien est un produit. Vous avez un positionnement de prix à définir et il sera en accord avec votre client cible. Ce ne sont pas vos goûts personnels qui sont en jeu mais ceux de vos futurs locataires qui veulent trouver une location équilibrée entre leurs préférences et leur budget.

Vous avez tout intérêt à faire de l'investissement locatif dans la catégorie grand public, c'est une catégorie qui permet de sous-segmenter (prix du marché, juste au-dessus ou juste au-dessous). La catégorie bon marché (low-cost) est à déconseiller, car votre temps de gestion en souffrirait énormément. Ce genre de locations est très chronophage. Quant aux locations de luxe, ce peut être une niche très rentable, mais elle demande des fonds sérieux pour la décoration et conséquemment des moyens d'investissements remarquables.

Restons sur l'exemple d'un logement (appartement, maison) même si, techniquement, l'immobilier locatif peut tout aussi bien consister en bateaux, locaux industriels ou commerciaux, en terrains, champs ou forêts.

Désirez-vous louer vide ce qui impliquera, en règle générale, une location à long terme ? Ou bien un logement meublé à moyen terme qui sera tout comme une location touristique (meublée, elle aussi). Toutes réponses qui influeront sur le montant du loyer et subséquemment sur votre rentabilité.

Le montant des loyers est libre le plus souvent sauf dans certains pays avec des lois spéciales définissant des plafonds. C'est à vous, propriétaire bailleur, de le fixer. Vous pouvez demander le prix que vous souhaitez et c'est au candidat locataire de l'accepter ou non. Néanmoins, il est préférable de ne pas fixer de prix trop élevé en comparaison avec le marché. Il ne doit pas non plus être trop bas. La seule manière de le fixer dans la bonne fourchette est d'étudier le marché locatif local.

Votre approche doit être la même que lorsque vous déterminez la valeur des propriétés envisagées.

Commencez par visiter des sites d'agences qui proposent des locations. Si nécessaire, faites quelques visites en tant que potentiel locataire et comparez l'état des lieux et le montant des loyers. Prenez quelques photos vous-même ; celles posées avec les annonces par les agences sont bien trop habituellement « optimistes » afin de représenter au mieux le bien (technique que vous appliquerez probablement aussi vous-même pour louer).

De cette manière, vous avez une évaluation correcte des prix pratiqués dans votre secteur pour des biens similaires.

Bien entendu, le prix que vous allez fixer pour votre location est aussi dépendant des caractéristiques de votre bien. Pour un bien identique, une place de parking incluse vous permet de demander un loyer plus élevé.

Que ce soit pour une maison, un appartement, des locaux industriels ou commerciaux, la localisation, bien que ne répondant pas aux mêmes exigences, est primordiale. Un centre-ville ne représente pas la même demande qu'un village, un quartier diffère d'un autre dans une même ville. Nécessairement, vous avez veillé à acheter votre bien dans un quartier à forte demande.

S'il s'agit d'un appartement, l'étage constitue une caractéristique importante. Les étages supérieurs peuvent avoir une plus belle vue, mais sans ascenseur, cela peut devenir une contrainte. La surface joue indubitablement un rôle ainsi que sa disposition et la répartition des pièces. L'état de l'appartement joue tout autant. Avez-vous fait poser de superbes parquets de chêne ou des parquets flottants bon marché lors des rénovations ? Le standing compte aussi pour une grande part et la présence d'une terrasse ou d'un jardin privé entre en ligne de compte tout comme une place de parking.

En étudiant toutes les caractéristiques vous pouvez fixer correctement votre loyer en tenant compte des prix du marché.

### 6.2.	Choisissez rigoureusement vos locataires

Puisque vous avez investi dans un bien immobilier à but locatif, vous devez maintenant trouver des locataires et choisir ceux qui seront le plus aptes à occuper votre bien.

Choisir ses locataires pourrait se résumer à une phrase : « Ne louez jamais à des proches qu'ils soient amis ou de la famille. » Préférez-leur toujours de simples connaissances ou encore mieux : de complets étrangers que vous avez soigneusement sélectionnés.

Comment les choisir ? Dites-vous bien que vos futurs locataires seront plus que de simples clients. En effet, vous pouvez considérer votre bien comme une entreprise et vos futurs locataires comme des partenaires. Ils seront ceux qui géreront au plus près votre propriété. Ils vous contacteront pour vous faire part du moindre manquement et ils seront ceux qui limiteront les dégâts. Vous ne voulez surtout pas de locataires qui vont détériorer votre propriété. Alors, comment les choisir ?

En premier lieu, il convient pour vous de définir le profil de votre locataire type. La localisation de votre bien (en ville, à la campagne, en banlieue…) va vous aider en cela. Par exemple, en centre-ville vous avez tendance à plutôt rechercher des étudiants ou des célibataires et à la campagne, ce sont les familles avec de jeunes enfants qui seront les mieux adaptées à votre bien, car le locataire et votre bien vont former un tandem. Alors, qu'est-ce qu'un bon locataire en fait ?

On peut définir un bon locataire selon trois critères : a) le bon locataire paie régulièrement en temps et en heure son loyer. N'oublions pas que vous en tant que propriétaire avez des frais : remboursement d'un emprunt éventuel, réparations et entretien. Le loyer vous fournit la somme nécessaire pour faire face à vos obligations financières ; b) il reste une longue période de temps ce qui vous évite de nouvelles recherches afin de dénicher le locataire suivant ; c) il entretient et ne dégrade pas le logement. En somme, un bon locataire sera un bon partenaire dans la gestion de votre entreprise immobilière alors qu'avec un mauvais partenaire, vous pourriez vivre les pires cauchemars.

Comment savoir si vous faites le bon choix de locataire ? Le choix de votre locataire se fera en règle générale sur la base de deux ou trois rencontres suite à l'annonce que vous aurez placée dans la presse, de loin la meilleure solution. Rédigez votre annonce avec soin. Plus vous mettez de détails sur le bien, plus les réponses seront celles de gens vraiment intéressés.

Votre annonce devrait comprendre au minimum les informations suivantes : le montant du loyer, le nombre de pièces, la surface totale, les dépendances éventuelles, si les charges sont incluses ou non, l'étage s'il s'agit d'un appartement, présence ou non d'un ascenseur, présence de balcon, les transports en commun à proximité, la date à laquelle le logement est disponible, les créneaux horaires des visites. Votre annonce vous reviendra peut-être un peu plus cher avec tous ces détails, mais vous y gagnerez en temps de visite que vous ne passerez pas avec des personnes dont certains détails leur déplairont parce que vous ne les auriez pas précisés. Cela vous évitera aussi trop de questions par la suite. Un gain de temps et de confort consiste aussi à demander une réponse écrite. Quand les candidats locataires répondent, certains propriétaires leur envoient un petit questionnaire à remplir. Ce peut-être une bonne option. Pour le prix d'un timbre, gratuitement par mail, vous aurez la possibilité d'analyser le profil du futur locataire plus amplement avant de prendre un rendez-vous.

Lorsque vous fixez vos rendez-vous, vous avez deux solutions : ou bien organiser des visites collectives, c'est-à-dire tous les candidats ensemble, ou des visites individuelles. La première solution donne la possibilité d'économiser du temps. Vous avez tous les candidats le même jour à la même heure et ils seront mis en concurrence les uns avec les autres ce qui pourrait inciter l'un d'eux à se décider plus rapidement. D'un autre côté, vous avez moins de recul pour évaluer son potentiel et ce sera le locataire qui fera le choix. Alors que dans le cas de visites individuelles, vous aurez plus de possibilités pour établir le contact. Les visites individuelles d'une vingtaine de minutes sont le plus souvent suffisantes et vous resterez celui qui contrôle la situation.

Si une personne veut louer, mais que vous avez un doute ou que quelque chose vous déplaît en elle, ne lui louez pas votre bien. C'est impératif ! La location doit être une situation gagnant-gagnant, et vous aurez régulièrement des contacts avec cette personne.

6.3.   Gérez efficacement votre patrimoine

Vous avez déterminé le montant de votre loyer, trouvé des locataires qui vous paient ce loyer, il est donc indispensable de bien gérer votre bien. Pour ce faire, vous devez aussi estimer vos dépenses de fonctionnement. Posséder des biens immobiliers locatifs est une entreprise à long terme, qu'il s'agisse d'un immeuble de rapport, de maisons ou d'appartements disséminés à plusieurs endroits. Selon les contrats de location, certaines factures seront payées par vos locataires mais il y aura des frais qui vous incomberont.

Certains frais à votre charge reviennent continuellement, d'autres sont plus sporadiques (et habituellement plus onéreux). Le mieux est d'en faire une liste que vous pouvez mettre à jour régulièrement.

Vous devez vous acquitter d'une taxe foncière et celle-ci reviendra tous les ans. Son montant restera quasi identique sur plusieurs années. Vous serez taxé d'un impôt sur le revenu provenant de la mise en location. Il sera variable suivant les années et les loyers perçus.

Les assurances font partie des dépenses de fonctionnement. Une assurance obligatoire est l'assurance de propriétaire. Même si chaque locataire contracte une assurance, vous devez assurer votre bien. Un incendie peut se déclarer dans une partie des bâtiments non couverts par les assurances du locataire qui ne couvrent que ses biens propres dans sa location. Pensez aussi à vous assurer contre les dégâts des eaux en cas de fuite de toutes sortes et ceux occasionnés par les pompiers en cas de sinistre. Lisez bien toutes les petites lettres dans vos contrats. Là aussi, faire intervenir votre notaire peut être judicieux.

Vous pouvez aussi prendre plusieurs assurances fortement conseillées. Une assurance contre la vacance locative couvre la période entre deux locataires ; une assurance contre les loyers impayés est presque rédhibitoire.

Pour les charges communes (le nettoyage des parties communes, l'éclairage des mêmes parties, l'entretien et la réparation de l'ascenseur, le salaire d'un gardien, etc.), il faut bien stipuler dans les contrats de location qui, du locataire ou du propriétaire, devra s'acquitter des factures. Vous pourriez aussi être amené à faire réparer la toiture ou à rénover les parties communes – la plupart du temps, des frais à votre charge. S'il s'agit d'une maison isolée avec un jardin, à qui incombe l'entretien de la clôture, du portail ?

Ne pas partir du principe du « cela va de soi ». Mais bien tout préciser dans vos contrats locatifs est une part indispensable pour une bonne gestion.

Méfiez-vous des locations meublées toutes charges comprises. Le locataire n'a aucune raison d'être économe puisqu'il ne voit aucune répercussion de son comportement énergétique sur sa facture, ce qui est communément la motivation de tout un chacun pour réduire sa consommation.

Au contraire, veillez à équiper toutes vos unités locatives d'un compteur électrique propre. Faites le relevé tous les mois et majorez le loyer du montant correspondant à la consommation. Une bonne stratégie de gestion est de demander une caution pour l'électricité et l'eau en surplus de la caution habituelle.

Les factures énergétiques ne cessant d'augmenter, instaurer un système de chauffage individuel pour chaque unité locative à la charge du locataire est de loin préférable à un système général.

Cela ne pose pas de difficulté lorsqu'il s'agit d'une maison individuelle mais peut s'avérer problématique dans un immeuble de rapport, chaque appartement devant posséder son propre système autonome. Dans certaines régions, cela n'est possible qu'avec l'électricité, le réseau d'alimentation en gaz étant inexistant. Beaucoup de candidats locataires hésiteront devant les factures futures d'électricité (qu'ils devront payer) dans le cas de chauffage à l'électricité.

Si tout votre complexe est alimenté en chaleur par une seule chaudière pour plusieurs appartements, il vous revient de faire remplir la citerne de façon régulière et d'en répercuter le coût sur chaque locataire. Cela engendrera un travail de gestion beaucoup plus intense.

Quel que soit le système de chauffage choisi, il comporte inévitablement des avantages et des inconvénients. A vous de peser le pour et le contre et de choisir en conséquence pendant la phase de rénovation ou des travaux.

Une gestion efficace comporte aussi une indexation des loyers. Faites-la tous les ans. Le prix de la vie augmente continuellement, c'est l'inflation. Logiquement, le prix des loyers aussi. Cette indexation ne peut avoir lieu qu'une fois par an, habituellement à la date anniversaire de la signature du contrat de location (le bail).

Il est préconisé d'annoncer cette hausse de loyer par écrit à chaque locataire nommément, de préférence par pli recommandé.

L'indexation des loyers est réalisée à partir de l'inflation officiellement calculée dans chaque pays par les autorités gouvernementales. Vous ne pouvez augmenter le loyer moins que l'indexation officielle mais jamais plus sous peine de sanction. Par ailleurs, vous n'avez pas le droit, légalement parlant, d'augmenter le loyer de manière significative entre deux locataires sans avoir réalisé des travaux importants dans le bien. Rafraîchir les peintures entre deux périodes locatives compte comme des travaux d'entretien mineur et ne justifie pas d'une augmentation de loyer. En revanche, la pose d'un monte-escalier ou celle de doubles vitrages est vue comme des travaux conséquents et justifient une augmentation éventuelle.

Pour une gestion efficace, il est également conseillé de garder vos loyers en phase avec le marché.

Planifiez vos grosses dépenses de maintenance et rajoutez entre 5 % et 10 % pour les imprévus. Vous pouvez aussi avoir des locataires peu soigneux de votre bien ce qui initie un phénomène de dégradation plus rapide. Une stratégie payante est d'impliquer le plus possible vos locataires dans les travaux de maintenance. Cela leur procure un sentiment de propriété accru et les responsabilise. De ce fait, ils prennent mieux soin de votre bien.

Si vous connaissez les futurs locataires de votre maison ou de votre appartement (il y a souvent une ou deux semaines entre la signature du bail et l'entrée en location qui se fait généralement le 1er du mois), renseignez-vous sur leur goût au sujet de la couleur des peintures et faites-les faire selon leur préférence. Cela ne vous coûtera pas plus cher et ils seront plus heureux. Même chose pour le portail d'une maison individuelle.

Dans un immeuble de rapport, vous pouvez faire voter entre deux ou trois couleurs. Faites une réunion pour parler des travaux à venir avec vos locataires. Cela vous prendra un peu de votre temps mais pourra vous rapporter gros en termes de bons contacts et bénéficiera à l'entretien.

Les gens qui arrivent dans une ville ne connaissent pas les artisans et ne sont pas toujours des as pour la recherche sur Internet. Remettez-leur, lors de la prise des lieux, après la signature du bail, un petit carnet d'entretien dans lequel vous aurez consigné la place du robinet de l'arrivée d'eau, des fusibles et du compteur de l'électricité, quel artisan contacter pour diverses petites réparations et vos coordonnées complètes. Cela pourra vous éviter bien des déboires par la suite et vos locataires apprécieront votre geste.

Presque tout le monde aime les cadeaux. Pourquoi ne pas en faire de temps en temps à vos locataires ? Une bouteille de vin à la signature du bail peut faire des miracles ; un vase à Noël ou pour les étrennes est toujours apprécié.

Discutez régulièrement avec vos locataires. Cela les mettra en confiance, d'autant plus si vous êtes à l'écoute pour les problèmes quotidiens.

Réagissez toujours promptement à tout signalement d'un problème de vos locataires.

Appliquer la maxime : « Il n'y a pas de problème, il n'y a que des solutions. » Ne restez pas paralysé devant un problème – même majeur – en espérant qu'il va magiquement disparaître tout seul. Cela se produit très, mais alors très, rarement. N'essayez pas de le contourner, même si cette solution peut sembler intéressante de prime abord. Le surmonter est de loin la solution la plus efficace. Vous serez ainsi toujours gagnant et vos locataires seront contents.

6.4.   Connaissez vos concurrents

Une bonne gestion inclut la connaissance de l'évolution de votre marché mais aussi celle de la concurrence. Faites comme les grandes entreprises et instituer une veille concurrentielle. Bien évidemment, cela ne doit pas devenir votre principale activité. Mais connaître vos concurrents sur le marché peut se révéler une stratégie payante.

En fait, votre but est de convaincre les candidats locataires (vos clients) qu'ils doivent acheter/louer votre produit/votre bien de préférence à un autre. Pour ce faire, votre produit doit, en premier lieu, les intéresser et vous devez avoir connaissance des offres du marché.

Dites-vous bien que votre produit – dans le cas qui nous occupe, un logement – n'est pas très innovant. Vous n'êtes pas Apple et votre logement n'est pas la montre connectée dernier cri.

Les entreprises qui offrent des produits innovants peuvent se contenter de la présentation de ce produit comme stratégie de marketing. L'innovation du produit fera son travail et attirera le client, car le produit sera le seul sur son marché.

Mais en ce qui vous concerne, votre produit est mature et vous avez l'obligation de vous différencier de la concurrence pour que votre client, le candidat locataire, soit, premièrement intéressé et, deuxièmement, choisisse votre produit.

Première chose à faire : recensez vos concurrents par catégorie. C'est-à-dire : qui sont vos concurrents si vous faites, disons, de la location touristique meublée ? Eh bien, ce sont principalement les hôtels, les particuliers qui offrent des chambres, les maisons d'hôtes, voire les gîtes. Si au contraire, vous êtes un bailleur de longue durée d'unités vides, les autres bailleurs privés seront vos concurrents et, selon le prix et les caractéristiques de votre bien, peut-être aussi des bailleurs sociaux ou même la commune de votre marché local.

Parmi tous ces bailleurs, quels sont ceux qui confient la gestion de la location à des agences immobilières ? Certainement un bon pourcentage. Les candidats locataires apprécient moins de passer par des agences de gestion locative, car si elles sont fréquemment plus réactives que les propriétaires privés, elles présentent aussi l'inconvénient de facturer au locataire des frais d'agence en sus du loyer. Faites votre recherche sur les sites d'annonces immobilières gratuites (Le Bon coin, Paruvendu, Seloger, Immo) et évaluez le pourcentage des annonces « pro » et « particulier ».

Une fois les annonces référencées, décidez-vous pour une sous-catégorie de locataires et faites en sorte que votre logement lui soit dédié. C'est la stratégie marketing appliquée par les grandes entreprises qui ont un produit grand public. En d'autres termes, pour bien faire, louez vos logements en ayant un partenariat avec l'université si vous optez pour des logements étudiants et faites ainsi de votre immeuble de rapport un îlot étudiant. Ou alors signez un partenariat avec une grosse entreprise pour loger ses cadres stagiaires (dans ce cas, meublé et de courte durée) ou un aéroport pour loger son personnel volant (là aussi, meublé et de courte durée).
En résumé, une fois la concurrence définie, démarquez-vous-en. Cela vous prendra un peu de

temps pour penser et installer une stratégie en l'occurrence, mais cela en vaut doublement la peine.

Dans ce chapitre, nous avons vu comment louer et gérer efficacement votre bien. Pour ce faire, nous nous sommes penchés sur la meilleure façon de définir les loyers, sur la manière de recruter de bons locataires et la nécessité d'avoir une bonne connaissance de la concurrence. Dans le chapitre suivant, nous voulons mettre l'accent sur les pièges à éviter et la nécessité de maîtriser vos finances et de former votre esprit.

Chapitre 7 : Les pièges à éviter et stratégies à mettre en place

Dans les précédents chapitres, nous avons analysé plusieurs types d'investissements immobiliers et plusieurs manières de devenir libre financièrement grâce à l'investissement immobilier locatif. Dans le présent chapitre, nous allons évoquer les pièges à éviter pour que votre rêve ne tourne au cauchemar.

Il y a, en effet, des propositions très alléchantes d'agents peu scrupuleux – mais la plupart du temps, ils sont juste ignorants – qui promettent monts et merveilles et des enrichissements faramineux en des temps record. Il n'en est rien et, à les suivre, vous risqueriez de perdre tout ce que vous avez construit.

D'un autre côté, il y a des stratégies sûres à mettre en place pour vous enrichir et nous vous en proposons quelques-unes dans ce chapitre. Mais souvenez-vous que la stratégie principale pour vous enrichir est de maîtriser vos finances – ce que nous verrons plus loin – et de former votre esprit. Nous regarderons ensemble, comment le faire.

7.1.   Les pièges à éviter

Warren Buffett a dit : « La première règle si vous voulez être un bon investisseur est de ne jamais perdre d'argent. La seconde est de ne jamais oublier la première. »[4] Il y a des pièges si dans lesquels vous tombiez, vous perdriez à coup sûr énormément d'argent !

C'est avéré : chaque transaction immobilière comporte quelques risques, tout comme chaque projet que vous pourriez entreprendre. Mais il y a les risques calculés, dont vous aurez le contrôle et que vous surmonterez aisément ; et il y a les autres. Ceux qui sont insurmontables, car inhérents à la structure de la transaction même. Ce sont ceux de cette dernière catégorie dont il est question ici, car ce sont de véritables pièges tendus à l'investisseur naïf et ignorant. Ne soyez pas cet investisseur et étudiez soigneusement ce qui suit.

Un des plus grands pièges qui soient est souvent tendu par vous-même : c'est d'avoir une confiance aveugle dans les assertions de l'agent immobilier ou du propriétaire.

Exemple : Vous visitez un ancien entrepôt que vous envisagez de transformer en plusieurs appartements. L'agent vous assure qu'il n'y a aucun problème. De fait, le plus fréquemment, il n'en sait rien. Renseignez-vous vous-même auprès des autorités locales de l'urbanisme et du cadastre. Il ne les a probablement même pas consultées. Ce n'est pas nécessairement de la malhonnêteté de sa part ; tout simplement de l'ignorance. Si vous le suivez, cela pourrait vous coûter très cher (voir les clauses suspensives au chapitre 4.4).

---

[4] Vous trouverez les références de sa biographie à la fin du livre dans la bibliographie.

En effet, dans ce cas précis, vous devez obtenir un permis de construire puisqu'il y a changement de destination du bâtiment.

Au chapitre 5, nous avons regardé la fiscalité et vu qu'il est plus avantageux d'investir dans l'ancien que le neuf. Cependant, cela n'empêchera pas des promoteurs de vous faire des offres alléchantes pour des investissements dans des résidences à construire, donc du plus que neuves, car encore à venir et inexistantes à l'instant de la proposition.
Oui, investir dans le neuf permet une réduction d'impôts et les Français sont très férus de défiscalisation. Mais avez-vous réfléchi ? Ces nouvelles constructions qui vous fournissent une réduction d'impôts sur plusieurs années génèrent des revenus par les loyers. Ces revenus supplémentaires seront aussi soumis à des impôts. Quel est votre véritable gain dans l'histoire ? Au final, vous risquez d'être davantage taxé et de voir que les bénéfices accumulés terminent sur le compte bancaire du promoteur.

Si vous tenez absolument à investir dans du neuf, devenez vous-même le maître d'œuvre. Achetez un terrain, faites-y construire une maison (divisée ou non en plusieurs appartements) après l'obtention des permis nécessaires. Cette solution supprime les intermédiaires et vous permet de bénéficier vous-même des avantages fiscaux.

En scrutant le marché, vous vous rendez compte qu'il y a de nombreux investissements piégeurs. Ils concernent, entre autres, toutes les propositions de résidences services avec bail commercial, qu'elles soient pour étudiants, seniors, de tourisme ou d'affaires. Dans ce type de résidence, les inconvénients sont innombrables.

Premièrement, vous êtes liés – par votre bail commercial – à l'exploitant. Bien évidemment, cette situation vous est présentée comme un énorme avantage : vous n'avez pas à vous occuper de la gestion des locataires : il le fait et les loyers sont garantis. Mais quid de l'exploitant qui ne peut plus assurer la gestion, car les loyers trop élevés l'empêchent de trouver des locataires à la place de ceux qui ont résilié leur bail (d'où une vacance locative prolongée génératrice de perte de rendement pour vous) ? Sa solution de baisser le montant des loyers pour y pallier ne vous enchante pas non plus mais vous êtes dans l'impossibilité de l'éviter. L'exploitant possède la plus grande partie du pouvoir décisionnel et vous êtes enchaîné à ses capacités à gérer les problèmes de façon satisfaisante ou non.

Et si l'exploitant fait faillite, qui va assurer l'exploitation ? Un autre exploitant qui, lui aussi, exigera une baisse de loyer ? La résidence restera-t-elle sans gérant pendant une longue durée avec tous les soucis inhérents à une telle situation ?

Si vous désirez vous-même assurer la gestion de votre bien, méfiez-vous du bail qui précise qu'en cas de résiliation de votre part, vous devez payer une forte somme d'indemnisation à l'exploitant pour manque à gagner. Cette somme peut se chiffrer en plusieurs années de loyer !

En fait, ces loyers garantis sont principalement garants de problèmes assurés. Fuyez ce type d'investissement en résidence service dont les superbes brochures font miroiter des bénéfices mirobolants.

Un autre piège est d'acheter un appartement sans aller le visiter. Cela vous semble impossible ? Pourtant, nombreux sont les investisseurs qui se sont fait avoir en achetant un appartement sur plan dans une résidence future.

Souvenez-vous que le papier est docile et qu'on lui fait dire tout ce que l'on veut. Quelques belles photos sous un ciel ensoleillé, des agencements mirifiques, des résidences près de la mer, une piscine privée sous le ciel bleu, le bail en place et vous plongez !

À l'opposé, l'investissement proposé est situé dans une ZUP. Pensez aux locataires qu'il vous faudra gérer. Certainement des gens avec lesquels il vous sera difficile de communiquer. De même, évitez les unités locatives payées grâce aux allocations logement de la CAF. Vous pensez être assuré de toucher vos loyers ? Dans la mesure où les locataires s'acquittent de payer les 20 % restants obligatoires, c'est le cas. Mais s'ils ne le font pas, la CAF coupe l'arrivée des prestations et vous ne récoltez plus que des impayés, car ne pensez pas de toute façon continuer à toucher 80 % des loyers alloués par la CAF. Il n'en est rien et vous ne pourrez expulser vos locataires qu'après une très longue période de procédure (parfois plusieurs années). Quelques personnes bénéficiant d'allocations de la CAF dans votre parc immobilier est acceptable et elles ne représentent pas plus de risques que d'autres locataires, mais ne pariez pas sur tout un immeuble occupé par ce type de locataires en pensant être couverts par la CAF !

Ensuite, il y a d'autres pièges aisément évitables comme de poser des questions aux mauvais interlocuteurs. Ce n'est pas Tata Marcelle ou Tonton Raymond qui sont les plus aptes à vous fournir des renseignements fiables sur les questions de l'immobilier (sauf s'ils gèrent une agence immobilière !). Adressez-vous toujours aux experts du domaine concerné. Votre notaire est certainement au courant de tout ce qui touche l'immobilier, c'est son métier. Votre conseiller bancaire est là pour vos questions sur les crédits, les emprunts, etc. et allez voir votre expert-comptable pour vos questions sur la fiscalité.

Vous pouvez aussi vous familiariser sur les questions fiscales en consultant le Bulletin Officiel des Finances Publiques-Impôts (le BOFIP-Impôts). Le Plan Local d'Urbanisme (PLU) de la commune vous renseignera sur la possibilité de transformation de votre bien si vous envisagez certains travaux.

Autrement dit, vérifiez toujours les informations auprès des autorités compétentes et des experts et consultez les journaux officiels.

7.2. Les stratégies à mettre en place pour devenir riche

Devenir riche du jour au lendemain n'arrive qu'aux gagnants à la loterie ou, à la rigueur, à ceux qui le deviennent en ayant la chance de faire une invention que s'arrache le monde. Pensez à l'inventeur des voitures électriques ou à des constructeurs automobiles comme Ford. Vous pouvez aussi devenir immensément riche en écrivant un best-seller que dévorent les lecteurs. J. K. Rowling est passée du statut d'assistée sociale à celui de multimillionnaire, une des femmes les plus riches d'Angleterre, en quelques années. Vous pouvez aussi le devenir d'un seul coup en figurant sur le testament d'un milliardaire qui vous lègue sa fortune. Toutefois, il vaut mieux ne pas compter sur les exemples précédents si vous n'avez ni la fibre littéraire ni la créativité d'un inventeur et si vous ne voyez dans votre entourage aucun millionnaire susceptible de vous coucher sur son testament.

Le mieux pour parvenir à la richesse est tout de même de prendre votre sort en main. A attendre un hypothétique héritage ou l'inspiration pour un best-seller ou une invention révolutionnaire, vous pourriez bien ne jamais y arriver.

Par ailleurs, l'indépendance financière ne nécessite pas d'être millionnaire. Si vous vous contentez de peu, vous deviendrez financièrement indépendant avant d'être millionnaire.

Il y a deux sortes de stratégies à mettre en place que j'appellerai : 1) les stratégies du quotidien et 2) les stratégies spécifiques à l'investisseur en immobilier locatif.

Commençons par les stratégies du quotidien, celle que vous pouvez mettre en place sans plus tarder.

Une des premières choses à faire est d'optimiser votre temps. Le dicton : « Le temps c'est de l'argent » est, dans une grande mesure, correct.

Je ne saurais trop vous conseiller de lire le livre de Napoleon Hill, « Réfléchissez et devenez riche » (dont vous trouverez les références en fin d'ouvrage dans la bibliographie) qui vous donne des conseils à ce sujet.

Pour réussir à devenir riche, vous devez avoir les idées claires sur ce que cela signifie pour vous. Désirez-vous être à l'aise financièrement ou voulez-vous être millionnaire ? Il n'est pas nécessaire de l'être pour être riche. Être riche est avant tout un état d'esprit. Comme vu précédemment, c'est une question de besoins réels.

Une stratégie efficace réside dans votre mode de vie : optez pour la frugalité ! Réfléchissez à ce dont vous réellement avez besoin. Faire des économies est une manière infaillible pour devenir riche. Quelles sont vos véritables besoins ? Y avez-vous déjà songé ? Comment se fait-il que certaines personnes avec des revenus plus que modestes, comme le SMIC, arrivent à épargner alors que d'autres avec plusieurs milliers d'euros par mois soient continuellement à court d'argent. Il y a fort à parier que les premiers savent correctement évaluer leurs réels besoins. Évitez le mode de vie « consommateur ». Ne vous laissez pas entraîner par les sollicitations continuelles des publicités qui vous poussent à l'achat dans notre société. Qu'importe que vous possédiez le dernier gadget à la pointe de la technologie ou un modèle plus ancien ? Avez-vous réellement besoin de toutes ces

choses qui vous entourent et que vous achetez sans réelle discrimination ?
Les utilisez-vous régulièrement ?

Une façon d'augmenter votre richesse est d'augmenter vos revenus, mais pas n'importe lesquels. Il y a deux sortes de revenus : 1) les revenus du travail et 2) les revenus passifs. Les revenus du travail correspondent à des revenus provenant d'une activité professionnelle quelle qu'elle soit. Vous pouvez être salarié ou exercer une profession libérale, mais en règle générale, plus vos revenus sont importants, plus vous dépensez et vos revenus du travail signifient que vous devez vendre votre temps pour les générer. Pour cette raison, des revenus professionnels seuls n'engendrent jamais la richesse, car le temps à votre disposition reste toujours le même.

En revanche, les revenus passifs peuvent vous aider à atteindre l'indépendance financière, car ils sont indépendants du temps que vous leur consacrez. Vous écrivez un livre une fois : il peut se vendre des dizaines, des centaines, des milliers de fois. Vous achetez un appartement une fois : vous pouvez le louer des milliers de mois. Les loyers sont des revenus passifs dont il faut vous efforcer d'en augmenter le nombre.

S'inspirer des méthodes de professionnels est souvent une bonne chose. Il ne s'agit pas de les copier, mais de vous en inspirer.

Dans la gestion d'entreprise, il y a des méthodes qui fonctionnent mieux que d'autres. Observez comment font les professionnels de l'immobilier.

Regardez-les faire. Ont-ils des procédures spéciales ? Pouvez-vous les appliquer ? Quelles sont celles que vous pouvez standardiser ? Pour réussir dans l'immobilier locatif, vous devez penser comme un entrepreneur, car il s'agit d'une véritable entreprise. Par exemple : vos annonces, lorsque vous recherchez des locataires. Inutile d'avoir à la reformuler à chaque fois. Rédigez-la une fois pour toutes et gardez-la dans un dossier. Faites la même chose pour l'état des lieux : un pour les entrées ; un pour les sorties, pour les baux, cela va de soi, mais aussi pour les tâches moins courantes. Faites un calendrier pour chaque bien avec les réparations effectuées, les actions de maintenance à venir, etc. Plus vous standardisez, moins vous devez improviser à chaque fois et cela signifie un énorme gain de temps.

Tout entrepreneur qui gère une entreprise monte une équipe pour réussir, équipe plus ou moins imposante selon la taille de l'entreprise. Dans l'idéal, il aura en plus de ses employés des artisans, une secrétaire, du moins quelqu'un pour le téléphone, un comptable, un conseiller d'assurances, un conseiller bancaire, etc.

Entourez-vous d'une équipe sur laquelle vous pouvez compter pour vous aider à gérer votre entreprise. Vous avez votre notaire pour toute question sur l'immobilier, un expert-comptable pour la fiscalité, peut-être un avocat en cas de litige sérieux avec un locataire, une personne qui répond au téléphone (peut-être votre femme) et vous devriez avoir dans votre carnet d'adresses une liste d'artisans à qui faire appel en cas de problème : couvreur, plombier, électricien, peintre, etc.

C'est une question de stratégie que d'avoir une bonne équipe et de savoir déléguer. Il vous est impossible de tout savoir et de tout faire vous-même. La meilleure stratégie est très certainement de bien choisir les personnes avec qui vous allez travailler.

Pour devenir riche dans l'immobilier locatif, vous devez vous fixer des objectifs réalisables. Par exemple, obtenir votre premier investissement dans un an ou six mois, lire un certain nombre d'annonces par semaine, y consacrer un à deux jours. Consulter les annonces deux fois par semaine est une bonne cadence. Par exemple, le mardi et le jeudi matin. En retenir un minimum de deux et un maximum de quatre. Prendre contact et fixer les visites. Le samedi si vous êtes salarié, un autre jour de la semaine si vous êtes libre de votre emploi du temps.

Les stratégies de l'investisseur immobilier sont nombreuses et il existe différentes façons de commencer votre parcours. Partant de l'hypothèse que vous êtes salarié et locataire, la première question qui se pose et de savoir s'il est préférable de rester locataire ou d'investir en premier lieu dans un logement et devenir propriétaire de votre lieu d'habitation. Comme vous vous en doutez, il y a des avantages et des inconvénients au deux solutions mais la réponse n'est pas un simple oui ou non. À terme, il vaudra toujours mieux investir dans votre propre logement pour qu'une fois arrivé à l'âge de la retraite vous soyez « dans vos murs » et n'ayez plus de loyer à payer.

Toutefois, devenir propriétaire de votre résidence personnelle représente un coût certain mais vous avez plusieurs possibilités d'investissement pour amortir ce coup.

1) vous achetez un immeuble de plusieurs appartements vous habitez l'un d'eux et louer les autres. Vous vous payez un loyer et il n'y a que peu de différence, financièrement parlant, avec votre situation actuelle où vous êtes locataire ; 2) vous achetez une maison mise en location, elle s'autofinances et vous achetez un autre bien où vous venez habiter. Vous le financez comme si vous étiez encore en location. L'équivalent du loyer sert à rembourser le prêt, beaucoup plus facile à obtenir puisque vous avez déjà un investissement de rapport.

En cherchant bien, en faisant les simulations nécessaires, vous trouverez sans difficultés d'autres stratégies d'investissement vous permettant de financer votre résidence principale si vous désirez acheter un logement, y habiter, le rénover et le revendre, c'est également possible et ne vous coûtera pas beaucoup plus que le montant de votre loyer actuel.

Les stratégies pour devenir riche impliquent presque toujours un changement drastique de style de vie pour tout le monde, même en étant déjà millionnaire et avec le simple souhait d'amasser encore plus d'argent. En effet, comment atteindre un but différent en prenant toujours le même chemin ? En d'autres termes, comment voulez-vous changer le résultat (votre vie actuelle) sans changer vos habitudes ?

Donc, pour devenir riche, les stratégies à mettre en place sont principalement d'ordre psychologique (changer de comportement), faire le bilan de vos finances et définir vos besoins réels. Cela nous amène à creuser plus profondément sur la manière de maîtriser nos finances, c'est-à-dire : vos dépenses.

7.3. Maîtrisez vos finances

Certainement, la stratégie la plus efficace pour devenir riche est de maîtriser vos finances. Maintenant que nous avons vu que définir vos besoins réels est primordial pour devenir riche, il est clair que cette action se couple avec celle de n'acheter que ce dont vous avez réellement l'utilité immédiate. Afin de maîtriser nos finances, il faut surtout apprendre à nous maîtriser nous-mêmes !

Première chose à faire pour reprendre le contrôle de vos finances : établir la liste de vos revenus et de vos dépenses mensuels sans en oublier aucun.

Si vous êtes salarié, c'est un peu plus facile mais vous pouvez y arriver même si vos revenus sont variables. Dans ce cas, prenez vos rentrées d'argent des six derniers mois et divisez la somme par six pour avoir une moyenne réaliste. Prenez uniquement les rentrées sûres et stables, pas les primes ni les bonus, etc.

Faites la même chose pour vos dépenses : loyer, remboursement de crédit, assurances (voiture, maison, complémentaire santé), vos abonnements de téléphonie mobile, Netflix, eau, électricité, Internet, nourriture, vêtements, etc. Pour le chauffage, il est préférable de le calculer sur les 12 mois même si on ne chauffe que quelques mois par an. Si vous remplissez la cuve à mazout ou à gaz une fois ou deux fois par an, prenez vos factures, additionnez-les et divisez la somme par 12. Si c'est un chauffage au bois que vous faites rentrer une fois l'an, adoptez la même méthode. Pour le chauffage électrique, la dépense est déjà répercutée sur votre facture mensuelle. Pour celles qui s'échelonnent sur plusieurs mois, voire un an, comme les taxes foncière et d'habitation, divisez le total par 12. Vous arrivez ainsi à la somme de vos dépenses mensuelles. Ajoutez 10 % de la somme pour les imprévus. C'est un pourcentage large, néanmoins utile.

La somme de vos revenus moins la somme obtenue de vos dépenses vous indique si : a) vous dépensez moins que vos revenus : vous avez de la marge pour épargner ou rembourser plus rapidement vos dettes éventuelles ; b) vous dépensez la totalité de vos revenus : cela indique des problèmes susceptibles de survenir. Quid des grosses sommes inattendues à débourser ? Vous ne pouvez bâtir aucune réserve ; c) vous dépensez plus que ce que vous gagnez : vous vivez au-dessus de vos moyens. Des mesures drastiques s'imposent pour diminuer vos dépenses. Révisez vos besoins essentiels et indispensables et supprimez tout le reste. Voyez-le comme une promesse vers un meilleur avenir.

Essayez de vivre deux ou trois mois de manière plus frugale. Changez de loisirs. Au lieu d'un abonnement à la salle de sport valable toute la journée, voyez si un abonnement pendant les heures creuses — qui sont moins chères — pourrait s'ajuster à votre agenda ou supprimez-le l'été pour quelques mois et allez courir dans le parc ou en extérieur.

Il existe un grand nombre de sites Internet qui proposent des solutions d'économie au quotidien.

Même plusieurs banques s'y sont mises. Consultez-les. Vous y piocherez à coup sûr quelques idées jouables et adaptables à votre mode de vie.

Essayez de ne pas trop économiser sur les sorties en famille. Elles sont nécessaires à l'harmonie et vous procurent un plaisir indispensable à être ensemble, mais vous pouvez les changer.

De temps en temps, une promenade en campagne à la découverte des insectes ravit les enfants autant qu'un parc d'attractions. Visitez avec eux un élevage de chiens, de chats, une ferme… Allez voir une pépinière, des maraîchers. Sorties beaucoup moins onéreuses où toute la famille s'instruit. Vous trouvez ces possibilités autour des grandes villes aussi bien que si vous habitez à la campagne. Apprenez à vos enfants à entretenir un potager et manger des légumes frais pas chers. Bref, il y a une kyrielle de choses à faire pour économiser de façon ludique sur les loisirs.

Dites-vous bien que vous le faites avec un objectif et voyez-le comme une belle opportunité de développement personnel.

Si le remboursement de vos dettes forme une grosse partie de vos dépenses, et que vous ne remboursez que la somme minimum, essayez de l'augmenter sur le crédit ayant le taux d'intérêt le plus élevé. Vous le rembourserez ainsi plus rapidement. C'est important de commencer par celui-là, car c'est celui qui, au final, vous coûte le plus cher.

Le remboursement de vos dettes est une étape importante vers votre liberté financière. En outre, en remboursant vos dettes, vous augmentez votre capacité d'emprunt. En effet, l'ensemble de vos remboursements ne peut dépasser 33 % de vos revenus. La diminution de vos dettes est un premier pas. Vous connaissez le dicton : « les petits ruisseaux forment les grandes rivières ». Même si ce début vous semble bien modeste, économiser 100 € de plus par mois et les consacrer au remboursement de vos dettes peut vous amener à vous en libérer totalement et vous permettre de démontrer par la suite à votre conseiller bancaire que vous êtes tout à fait capable de gérer un prêt hypothécaire.

7.4.   Formez votre esprit

Toute invention, toute création débutent dans l'esprit. Puis, la maîtrise de la technique entre en ligne de compte. Pour la réalisation, tout dépend de la personne, car la persévérance est une qualité primordiale pour atteindre le succès. On pourrait dire que la connaissance plus l'action plus la persévérance, conjuguées ensemble, génèrent la victoire. Il ne sert à rien de savoir quoi faire si on ne traduit pas en action notre connaissance (la connaissance théorique seule n'est pas garante de succès). Ensuite, il faut avoir la persévérance et continuer malgré les échecs rencontrés, car chaque échec est une marche sur l'escalier qui monte vers le succès.

Dans ces trois aspects (connaissance, action et persévérance), ce sont nos pensées qui engendrent notre comportement, d'où la nécessité de former notre esprit à faire converger nos idées dans la direction voulue : le succès. En fait, les principes à appliquer ne sont pas spécifiques à l'immobilier. Ils sont valables dans tous les domaines.

Le premier de ces principes a été formulé par le sociologue Robert K. Meton et consiste en la prophétie d'auto-réalisation. En clair, il signifie que vos pensées influencent vos actions qui influencent, à leur tour, vos résultats. Si vous pensez de manière positive que vous réussirez dans une certaine entreprise, vous avez toutes les chances de réussir, car vous agirez en conséquence. En revanche, si vous pensez à l'avance que ce sera un échec, vous manquerez de la motivation essentielle pour surmonter les obstacles inévitables, et le résultat sera un échec.

Penser positivement permet de passer à l'action, mais pour passer à l'action, il est nécessaire d'avoir la connaissance et le désir de l'acquérir.

L'investissement immobilier, bien qu'une science de terrain, requiert de se former pour avoir le discernement d'éviter de grossières erreurs, mais aussi de former votre esprit à la pensée positive. Commencer en vous boostant le moral est déjà un plus. Toutefois, vous devez avoir un objectif, une vision claire du but que vous désirez atteindre. Vous former vous apportera les outils nécessaires pour passer à l'action, ce sera la compréhension de votre domaine. Puis, vous devrez avoir une foi inébranlable en vos capacités pour persévérer et enfin aboutir au succès.

Il y a donc deux sortes de formation de l'esprit à acquérir. L'une pour disposer des outils nécessaires ;

l'autre pour avoir l'état d'esprit adéquat. Pour cela, vous avez accès à plusieurs ressources.

Tout d'abord, les livres (comme celui que vous êtes en train de lire) qui vous fournissent des outils fondamentaux que vous pouvez mettre en pratique. Ensuite, vous pouvez parler avec des investisseurs confirmés, des pointures dans leur spécialité.

Les professionnels ont beaucoup à vous apprendre, car n'oubliez pas qu'eux aussi, un jour, ont été débutants. Ils connaissent donc votre position. Posez-leur des questions et écoutez bien leurs réponses, tout en sachant que chacun possède sa méthode propre. En les fréquentant et en les observant, vous trouverez la vôtre.

Enfin, vous pouvez participer à des réunions d'investisseurs où vous rencontrerez d'autres investisseurs immobiliers avec qui partager vos expériences. Puis, il y a les formations offertes par des investisseurs et les séminaires. Mais ne faites pas l'erreur de suivre un tas de formations sans oser vous lancer. C'est un fait que vous ne saurez jamais tout au départ (ni même plus tard d'ailleurs). Ce livre que vous êtes en train de lire vous offre une base. Investissez éventuellement dans quelques cours supplémentaires de base, puis lancez-vous. Vous pourrez toujours, plus exactement, vous devrez toujours, continuer à vous former avec des formations complémentaires plus tard, voire investir dans des séminaires de spécialisation. Mais il est assez futile, pour ne pas dire stérile, d'accumuler de la théorie sans la tester à la pratique, car elle seule peut vous fournir l'expérience dont, au final, vous avez besoin pour réaliser votre désir d'indépendance financière grâce à l'immobilier locatif.

En ce qui concerne l'obtention de l'état d'esprit nécessaire pour atteindre le succès, vous pouvez aussi lire quelques livres sur le sujet. Nous avons déjà mentionné Napoleon Hill, mais il y en a d'autres, Deepak Chopra, Antony Robbins, Dale Carnegie, etc. ainsi que des formations pour penser de façon positive et, surtout constructive, qui vous feront avoir confiance en vous.

Le manque de confiance en soi est un problème récurrent, alors que la confiance en soi permet d'aller de l'avant, de persévérer. N'écoutez pas ceux qui vous disent, croyant bien faire : « Il faut savoir quand s'arrêter » après que vous ayez subi quelques revers. Ne pas persévérer est la manière certaine d'échouer.

Lisez la biographie des hommes qui ont fait de grandes inventions et ont marqué l'histoire ou celle de plusieurs millionnaires. Ils ont tous un point commun : ils ont tous persévéré jusqu'à atteindre le succès qu'ils s'étaient fixé comme but. Prenez exemple sur eux et persévérez. C'est la seule façon d'atteindre votre objectif.

Et plus vous pratiquez, plus vous maîtrisez votre sujet et plus vous aurez confiance en vous. Cette confiance vous donnera le courage nécessaire pour surmonter les obstacles qui inévitablement se dressent sur votre chemin.

Conclusion

Voici la fin du livre et j'espère que sa lecture vous aura apporté les réponses à vos questions. Comme vous avez pu le constater, que vous soyez en possession d'un capital financier ou que vous n'ayez pas beaucoup de moyens et un salaire modeste, vous avez certainement pu trouver au fil des pages les stratégies à mettre en place pour remédier à votre situation et même si vous êtes endetté, vous voyez qu'il y a une porte de sortie vers la liberté financière grâce à l'investissement dans l'immobilier locatif.

Votre investissement immobilier locatif sera garant du développement de votre indépendance financière. Ce rêve est accessible si vous le décidez et étudiez les stratégies contenues dans les pages que vous venez de lire. Mais, il vous faut passer à l'action !

Au cours de ces pages, vous avez compris, grâce à l'étude de l'économie et du marché, que l'immoblier est le meilleur investissement pour accéder à la liberté financière. Vous savez aussi que l'immobilier locatif vous rendra riche et que, pour ce faire, vous n'avez pas besoin de capitaux au départ. Vous connaissez maintenant plusieurs stratégies pour créer un rendement entrepreneurial en plus de votre rendement locatif et vous savez comment maîtriser les risques.

Vous avez découvert la manière de faire financer votre bien au maximum et vous êtes instruit de la façon de parler d'égal à égal avec votre banquier. Vous comprenez aussi pourquoi il est parfois nécessaire de faire appel à un comptable pour ne pas commettre d'erreur.

Dénicher les bonnes affaires n'est plus un secret pour vous si vous développez vos critères d'achat et ne vous en éloignez pas. Ainsi vous repérez un bien, vous le négociez et vous connaissez les démarches à suivre du processus d'achat.

Vous maîtrisez maintenant la fiscalité comme un pro, connaissez les principaux impôts de l'immobilier et savez les erreurs à éviter dans ce domaine. L'importance du choix de la fiscalité par rapport à votre situation ne vous a pas échappé et vous connaissez quelques stratégies pour payer moins d'impôts.

Louer et gérer votre patrimoine est devenu un jeu d'enfant pour vous. Vous savez choisir vos locataires et les garder et vous êtes devenu un investisseur efficace, car vous connaissez aussi vos concurrents.

Enfin, vous avez conscience des pièges à éviter et des stratégies à mettre en place. La gestion de vos finances tient la première place de votre agenda avec la nécessité de continuer à former votre esprit. Bref, vous êtes, maintenant, un véritable investisseur, car vous pensez comme un investisseur.

Ne vous laissez pas décourager par quelques revers éventuels au début de votre périple sur le chemin de la liberté financière. La réussite est au bout de la route et vous devez persévérer.

Prenez votre temps, soyez patient, soyez prudent et maîtriser vos finances si vous désirez voir votre patrimoine s'agrandir. Vous devez réinvestir continuellement vos bénéfices et ne pas gaspiller votre argent en choses futiles. Dites-vous bien que ceux qui sont devenus millionnaires autrement que par héritage le sont devenus grâce à leur travail et un mode de vie frugal. Soyez certain que cela vaut la peine de dépenser peu pour recevoir ce cadeau sublime de l'indépendance financière. En outre, vous tirerez énormément de plaisir à regarder votre patrimoine croître et vous ne serez pas intéressé à exhiber votre fortune. Vous le faites pour vous et votre famille, pas pour les autres !

Évaluez toujours par vous-même la rentabilité d'un investissement, car une des règles fondamentales pour devenir riche est de ne pas perdre d'argent.

Ce livre vous permet de faire les bons choix et je vous encourage à lire d'autres ouvrages et parfaire vos connaissances relatives à l'immobilier. Suivez la législation et tenez-vous particulièrement au courant des lois qui impactent les relations locataire-propriétaire, les nouvelles lois qui régissent la vente d'un bien et la fiscalité, qui évoluent continuellement. Restez principalement attentif à votre marché local pour être en mesure, le moment venu, de faire les bons choix.

J'ai rédigé avec grand plaisir ce livre et j'ose espérer que vous en avez eu autant à le lire.

Il me reste à souhaiter que vous deveniez un investisseur de l'immobilier locatif à succès et accédiez à la liberté financière rapidement et sûrement.

Enrichissez-vous au propre comme au figuré !

Bibliographie

* Seydou BADJI, *Crise du subprime mortgage : Conséquences sur le système bancaire*, Editions Universitaires Européennes, 2018, 120 p.

* Alain CHOINEL, *Le Système bancaire et financier : Approches française et européenne*, La Revue Banque, 2002, 277 p.

* Julien DELAGRANDANNE, *Itinéraire vers votre future L'investissement immobilier locatif intelligent semaine des 7 dimanches*, Julien Delagrandanne, 2017, 280 p.

* Jean DEREIX et Stéphane KISLIG, *Les Investissements immobiliers & défiscalisation : La fiscalité de l'immobilier pour les investisseurs*, Independly Published, 2019, 137 p.

* Tristan GOULWENN, *Comment je me suis constitué un patrimoine de plusieurs millions d'eiros avec un salaire de 1750 €*, Maxima Laurent du Mesnil, 2015

* Benjamin GRAHAM, *L'Investisseur intelligent*, Valor, 2011, 352 p.

* Napoleon HILL, *Réfléchissez et devenez riche* (1937), J'ai lu, 2011, 288 p.

* Robert T. KIYOSAKI, *Père riche, père pauvre*, Un monde différent, 2017, 336p.

* Jean-Louis LE BOULC'H, *Les nouvelles règles de la location meublée pour augmenter son patrimoine et réduire ses impôts*, Maxima Laurent du Mesnil, 2016, 260 p.

* Valérie LELIEVRE, *Le système bancaire et financier français*, Editions Bréal, col. Lexifac, 2018, 320 p.

* Jean-Marie LEPAGE, *Le système bancaire et financier international*, Editions Ellipses, 2019, 192 p.

* Sonia MONTELLA, *J'investis sereinement en immobilier locatif : 7 clés pour sortir du brouillard fiscal*, Independly Published, 2019, 179 p.

* Charles MORGAN, *Les Secrets de l'immobilier : Comment bâtir votre liberté financière et vous assurer une retraite confortable*, Aldanias, 2015, 308 p.

* Michel NAMY, *Le Management de la Performance Bancaire : Business Intelligence Système*, Independently published, 2018, 308 p.

* Bruno RAKO, 107 principes immobiliers (pour investir comme un pro et s'enrichir avec la pierre), Maxima Laurent du Mesnil, 2017, 241 p.

* Arnaud PRISER, *Mon 1er achat immobilier : Petit guide pour ne pas vous planter les 20 prochaines années*, MCM, 2014, 206 p.

* Alice SCHROEDER, *Warren Buffet. L'effet boule de neige*, Valor, 2010, 952 p.

Ressources Internet

* Simulateur Investissement locatif : Simulateur qui permet de calculer le rendement locatif. Le site prend en compte tous les régimes fiscaux de l'investissement immobilier avec des données paramétrables.
    https://www.rendementlocatif.com

* Geoclip : pour obtenir le portrait d'un territoire avec données géographiques, démographiques, taux de chômage, emploi, etc. Idéal pour investir dans un bien éloigné de chez vous et connaître le marché local.
    https://france-decouverte.geoclip.fr/#c=home

* INSEE : offre les statistiques nationale, locale avec les études de recensement et des rapports emploi-chômage, population, etc.
    https://www.insee.fr/fr/statistiques

* Clameur : offre les tendances du marché privé de l'immobilier national, régional, départemental et par villes.
    http://www.clameur.fr

* Patrim (Impôts) : avec votre compte personnel vous avez accès à la liste des ventes qui ont eu lieu en France et leur prix réel.
    https://www.service-public.fr/particuliers/vosdroits/R34630

* Baromètre Immobilier des Notaires de France : permet d'estimer le prix moyen d'un bien.
    https://barometre.immobilier.notaires.fr/appartements-anciens/departement/tous/0?origine=immoprix

* Meilleurs agents : Permet aussi d'évaluer le prix d'un bien sur le marché avec le prix moyen par m^2
https://www.meilleursagents.com

* Instant Street View : outil idéal pour visiter l'environnement d'un bien à distance.
https://www.instantstreetview.com

* Castorus : permet de connaître l'historique de chaque annonce sur les grands sites immobiliers.
https://www.castorus.com

* Archifacile : permet de dessiner en ligne des plans en 2D, pour anticiper une reconfiguration d'appartement, ou pour utiliser dans une photo d'annonce de mise en location.
https://www.archifacile.fr

Table des matières

Imprimé par Amazon
Dépôt légal avril 2021

____

www.ingramcontent.com/pod-product-compliance
Lightning Source LLC
LaVergne TN
LVHW050610200726
843508LV00010B/1798